AF311200

DOCUMENTS RELATIFS

À LA

BANQUE D'ANGLETERRE

TRADUIT DE L'ANGLAIS.

PARIS

IMPRIMERIE ADRIEN LE CLERE ET CIE

RUE CASSETTE, 29.

1870

C.

TABLE DES MATIÈRES

AFFAIRES DE BANQUE

RELATIVEMENT A LA CIRCULATION ET A LA BANQUE D'ANGLETERRE

On m'a souvent prié de faire réimprimer une Conférence sur la Banque, que j'ai faite, il y a quelques années, à mes Commettants de Peterborough.

La rareté des ouvrages sur les opérations de la Banque d'Angleterre, bien plus je crois que sa valeur réelle, a fait à cette Conférence un succès immérité.

Les quelques principes généraux qu'elle expose touchent à l'économie politique plutôt qu'à la Banque ; ils sont, de plus, empruntés pour la plupart à Mac-Culloch, et ont pour toute valeur celle qui est attachée à une semblable autorité.

Je n'ai pas d'objections à faire contre cette réimpression ; je l'autorise même volontiers, car elle donnera lieu à quelques remarques préliminaires qui, j'espère, ne paraîtront pas dénuées d'intérêt en ce moment où l'examen et l'état de nos affaires monétaires, en ce qui touche la Banque d'Angleterre et la Circulation, captivent si vivement l'attention publique.

J'espère démontrer que le blâme jeté sur la Banque d'Angleterre a sa source dans ce fait seul, qu'on a attendu d'elle des services incompatibles avec les principes solides sur lesquels doit reposer toute Institution de Crédit en ce pays.

Afin de bien comprendre le mouvement de la Banque d'Angleterre, il faut avoir présent à l'esprit que, depuis l'Acte de 1844, les Directeurs n'ont eu aucun contrôle sur la Circulation des Billets, et que par conséquent ils n'ont dû à aucune époque se préoccuper en quoi que ce soit du chiffre de Billets répandus dans le pays. La seule fonction de la Banque à cet égard est de donner des Billets pour des Souverains (au-dessus de cinq) ou pour de l'or en lingots, et de rendre des Souverains contre tout Billet présenté au remboursement.

L'or non monnayé, c'est-à-dire sous forme de barres, est reçu par la Banque qui donne des Billets en échange, au taux de 3 livres, 17 shillings, 9 pence, par once de 22 parties d'or pur sur 24.

Cette opération, que la Loi rend obligatoire, fait dire communément que la Banque *achète* de l'or à £. 3, 17, 9 l'once. Mais, en vérité, il y a loin de cette transaction à un *achat* ordinaire; les Billets donnés pour la valeur de l'or ont bien plus le caractère d'un reçu que celui d'un paiement.

La Banque, comme je l'ai déjà dit, est forcée par la Loi de donner des Billets pour *tout* l'or qu'on lui apporte, et de rendre de l'or monnayé, des Souverains, pour les Billets qu'on lui présente au remboursement.

Voici où mène cette transaction :

Une personne importe ou possède, je suppose, mille onces qu'elle veut faire monnayer : elle peut les envoyer à la Monnaie, où l'opération s'effectue gratuitement; la Monnaie délivre des Souverains au taux de £. 3, 17, 10 1/2 par chaque once d'or préalablement éprouvé et du poids réglementaire (22 carats). Mais cet envoi cause du dérangement et occasionne, de plus, quelques frais de transport, ainsi qu'une perte d'intérêts pendant que s'opère le monnayage. Aussi l'habitude générale, je peux même dire invariable, est-elle d'envoyer l'or à la Banque d'Angleterre, que la Loi contraint à l'acheter £. 3, 17, 9 l'once. Quant à la différence d'un penny 1/2 par once, on la perd volontiers pour la facilité qu'on a d'emporter de l'or monnayé sur l'heure et sans autres déboursés.

Chaque Billet présenté à la Banque d'Angleterre doit être immédiatement payé en or monnayé ; mais comme il est reconnu que les besoins du pays n'exigent, pour les transactions ordinaires, qu'une circulation constante de 17 à 20 millions de Livres en Billets de la Banque, celle-ci a été autorisée à opérer des placements, d'abord avec 14, puis avec 15 millions de Livres de ses propres Billets, qui lui produisent ainsi des intérêts. Ce sont ces intérêts, perçus par la Banque à son profit, qui lui permettent d'acquitter le droit que lui réclame l'État pour son privilége, droit qui fait monter actuellement à près de 200,000 livres par an le bénéfice réalisé par l'État sur l'émission des Billets. En dehors de cette somme de 15 millions de livres, il est interdit à la Banque d'émettre un seul Billet sans avoir dans ses caves une somme équivalente en or ; de plus, elle doit publier un bilan hebdomadaire de son encaisse métallique.

Le profit tiré par la Banque de l'émission des Billets

s'élève, comme je l'ai établi dans ma conférence, à environ 100,000 livres par an tout au plus, tandis que, comme on l'a déjà vu, le Gouvernement perçoit le double de ce chiffre.

Le bénéfice de la Banque repose sur son placement de 15 millions sterling à 3 %, déduction faite de la dépense nécessaire pour fabriquer et échanger les Billets émis, non-seulement à Londres, mais dans les dix Succursales de province.

J'ai déjà exposé que la Banque doit, en tout temps, payer ses Billets en or et à présentation.

On s'est souvent demandé comment, à un moment donné, elle pourrait y arriver, puisque 15 millions de livres de ces mêmes Billets ne sont pas représentés par de l'or, mais employés en placements. — Il n'y a là aucune difficulté.

Supposons que tous les Billets en circulation, en dehors des 15 millions sterling, soient présentés au remboursement : l'or mis en réserve dans cette prévision y pourvoirait ; mais la Banque commencerait à réaliser ses 15 millions sterling de valeurs bien avant que l'encaisse ne fût réduit à ce chiffre.

Quatre millions de ces valeurs peuvent être facilement réalisés en tout temps ; le reste, soit onze millions, a été prêté à l'État.

S'il y avait pénurie d'argent, le Chancelier de l'Échiquier ne ferait aucune difficulté pour convertir cette dette en 3 %, au nom du « Gouverneur et de la Compagnie de la Banque d'Angleterre » qui le vendraient suivant les besoins, et recevraient en paiement leurs propres Billets ; ceux-ci, n'ayant plus lieu d'être remis en circulation, seraient définitivement annulés.

Ainsi, les valeurs placées une fois réalisées, et les Billets payés, cette partie·des opérations de la Banque serait terminée et toute sa responsabilité, quant aux Billets, mise à couvert sans trouble pour ses autres affaires et sans distraction d'un shilling du capital.

Le but principal de l'Acte de 1844 était d'assurer, en tout temps et en toute occurrence, le remboursement en or de tous les Billets de Banque ; ce but a été complétement atteint, et les Directeurs, ainsi que je l'ai dit plus haut, n'ont pas à intervenir dans la question.

La Direction se borne à la surveillance nécessaire à tout établissement considérable, où une forte responsabilité pèse sur les employés appelés à manier journellement des sommes importantes en Or et en Billets.

L'effet incontestable de l'Acte a été d'assurer au Pays, sans préjudice pour les Actionnaires, la possession d'une somme d'Or supérieure à tous les besoins probables.

On a trouvé regrettable l'inaction d'une aussi grande quantité d'Or, ne servant qu'à assurer le paiement intégral des Billets; mais quand même il y aurait là, à ce point de vue, un inconvénient, il serait bien léger en comparaison de cet immense intérêt public : l'égalité de valeur, maintenue en tout temps et en toute circonstance, entre les Billets de la Banque et les Souverains.

En conséquence, je suis d'avis que l'Acte de 1844 a produit des résultats complétement satisfaisants.

Le reste du papier-monnaie en circulation dans le Pays consiste en Billets émis par des Banques par Actions, et par des Compagnies particulières, en Angleterre, en Écosse et en Irlande.

Le procédé adopté par sir Robert Peel, en 1845, pour assurer le remboursement de ces émissions repose sur un principe différent : une limite a été imposée à chaque Banque pour ses émissions postérieures à 1845, et aucun autre établissement du même genre n'a été autorisé depuis. Ces précautions ont été regardées comme suffisantes.

Certains arrangements ont été pris, en outre, pour que les Billets de la Banque d'Angleterre pussent être substitués à ceux des autres Banques, et cette mesure a semblé, lorsqu'il a été question d'arrêter dans le royaume la circulation du papier des Banques de province, devoir amener le résultat désiré dans l'espace de temps auquel était limitée l'action de l'Acte de sir Robert Peel.

Le chiffre des Billets en circulation a été fixé pour les Banques de province, par les Actes de 1844 et 1845 à :

> £. 8,689,937 en Angleterre et dans le pays de Galles.
> 3,063,000 en Écosse.
> 6,354,494 en Irlande.

Total : £. 18,107,431

Le montant des Billets autorisés dans le Royaume, indépendamment de ceux de la Banque d'Angleterre, était le 30 Juin 1866 de. . . . £. 16,630,140 Il est actuellement de. . . . . £. 14,687,546 La totalité de ce dernier chiffre a été émise sans aucune garantie de remboursement, et le Gouvernement n'en tire d'autre profit que les droits de timbre sur les Billets pour £. 55,000 environ par an. Il est vrai que les Billets de province n'ont jamais été érigés en monnaie légale, mais il est non moins vrai qu'en pratique il

est impossible à un commerçant de province de refuser
ces Billets qui ont cours dans sa localité..

Mais, demandera-t-on avec assez de raison, puisqu'on
trouve bon que d'autres Banques émettent du papier
pour de pareilles sommes, sans fournir de garanties
pour leur paiement en Or, pourquoi la Banque d'Angleterre est-elle astreinte à une règle aussi sévère?

C'est que, de fait, l'émission des Billets de Banque,
comme celle des Souverains, devrait être placée sous la
même autorité et la même surveillance : celle du Gouvernement. Si la Banque d'Angleterre continue à être
mandataire de l'État, et s'il peut être prouvé, comme
je le crois, qu'il en résulte pour le Pays un avantage
sérieux au point de vue économique, on admettra bien
que le Parlement a agi avec droiture et sagesse, en pla-
çant toute la circulation sous une législation simple,
claire et uniforme.

On a fait observer en diverses occasions, et plusieurs
journaux ont cent fois répété, qu'aucun système de circulation ne pouvait donner de bons résultats, si on le
limitait sans avoir égard aux accroissements de richesse
et de prospérité, et à l'extension des affaires qui en est
le résultat.

« Qu'il est absurde, écrit le *Daily News*, d'attendre
» les mêmes services du même chiffre moyen de fonds
» en circulation, quand les importations et exportations
» du pays ne montent qu'à 50,000,000 de livres, ou
» quand elles s'élèvent à 200,000,000 ! »

Certainement personne ne niera que de vastes transactions commerciales journalières ne doivent, suivant
toute probabilité, exiger plus de capitaux en circulation
que des affaires moins étendues.

Je dis pourtant « suivant toute probabilité », car ce n'est pas nécessairement vrai.

Les opérations de Banque, dans tous les pays civilisés et spécialement dans le nôtre, ont pris une telle extension dans les 20 ou 30 dernières années, qu'il est difficile d'apprécier dans quelle proportion elles ne peuvent pas tenir la place du numéraire ou des billets. Mais, en admettant que le besoin d'argent comptant se fasse plus sentir en 1865 qu'en 1845, l'augmentation de la circulation en ce pays, (c'est-à-dire des Souverains et des Billets de Banque formant ensemble la seule monnaie légale), n'a pour limite que la quantité d'or qu'on peut trouver dans le monde entier, car nous avons toujours la facilité de nous procurer tout l'or dont nous avons besoin par le simple échange de nos produits. Ce n'est qu'une question de temps. Mais, est-ce au Gouvernement et à la Banque d'Angleterre de pourvoir à l'abondance de l'argent comptant? Jamais, aussi loin que je me reporte, et dans aucun pays, ce soin n'a regardé le Gouvernement, mais seulement les individus qui y étaient directement intéressés.

Le rôle du Gouvernement s'est toujours borné à convertir en pièces portant son estampille l'or apporté à la Monnaie, dont il garantit ainsi le poids et le titre.

Il n'y a d'autre borne à la quantité d'or qui peut être monnayé que la possibilité de se le procurer ; de même rien ne limite la quantité de Billets qui peuvent être émis par la Banque, si ce n'est l'obligation imposée aux Directeurs de conserver tout l'or apporté en échange (en surplus de 15 millions de livres dont j'ai parlé). De sorte que (c'est là un fait absolu) la Loi n'entrave en rien la circulation de l'or et des banknotes dans le pays, mais exige que tous les Billets de la Banque d'Angleterre, sauf £ 15,000,000, soient représentés par une somme équivalente en or.

Tel est le système en vigueur dans le Royaume-Uni, relativement à la circulation, et je ne crois pas que la Loi ait à intervenir dans les dispositions actuelles de la Banque, sauf pour insister sur la nécessité d'un encaisse métallique égal aux Billets émis. Toute innovation à cet égard me semble inutile, et je ne puis croire qu'il s'agisse d'en faire aucune.

La question de la circulation et de l'émission des Billets me conduit aux autres opérations de la Banque, et, en premier lieu, au service de la Dette publique.

Je crois avoir suffisamment développé cette matière dans ma Conférence et dans son Supplément, auquel j'ai encore ajouté quelques notes par suite des changements qui se sont produits depuis 1858, époque à laquelle je l'ai fait paraître.

La troisième question est celle de la direction des Affaires de Banque proprement dites; c'est un sujet de grande importance. Je suis même d'avis qu'il n'en est aucun d'un intérêt plus sérieux pour la finance et le commerce; je ferai toutefois observer, avant d'entrer plus profondément dans la matière, que l'Acte de 1844 n'a jamais le moins du monde abordé la question, se bornant à prescrire la publication hebdomadaire d'un bilan de situation. Cette prescription, qui ne s'étendait pas aux autres Banques, n'en était pas moins justifiée : la Banque d'Angleterre servant de Banque de dépôt pour les fonds de l'État, il était à désirer que chacun pût être constamment au courant de ses dispositions générales.

Sir Robert Peel a décidé en 1844 que la Banque, déchargée de toute responsabilité relative à la circulation, ne verrait aucune disposition législative intervenir dans ses affaires particulières; il ne mettait pas en doute qu'elle ne continuât à mériter, par sa manière d'agir, la confiance de l'Etat et du pays tout entier (1).

Depuis 1844, la direction des affaires de la Banque

(1) Extrait des discours de Sir Robert Peel à la Chambres des Communes, 6 et 24 Mai 1844, sur le Renouvellement du Privilége de la Banque :

« Pour ce qui est des affaires de la Banque, je propose qu'elle soit soumise aux mêmes règles qui régiraient toute autre compagnie appelée à faire usage de Billets de Banque. . . . .

. . . . On dit que la Banque d'Angleterre ne disposera plus des mêmes moyens qu'autrefois pour soutenir le Crédit public, et porter assistance au commerce dans les moments difficiles.

» Mais, en premier lieu, les moyens de soutenir le Crédit ne sont plus exclusivement du ressort de la Banque : toutes les personnes qui possèdent un capital inactif, banquiers ou non, et qui peuvent trouver un bénéfice en faisant l'avance de ce capital, fournissent véritablement ce secours qui, dans l'opinion de quelques-uns, ne saurait être demandé qu'à la Banque elle-même.

» D'autre part, c'est une question de savoir s'il y a toujours un avantage réel à soutenir le Crédit soit public soit privé; par exemple, dans le cas où ce résultat serait obtenu non par des avances sérieuses de fonds, mais par une augmentation momentanée de papier émis spécialement pour la circulation.

» Certaines personnes craignent que les rectrictions proposées relativement à l'émission n'aient pour effet d'empêcher la Banque d'agir avec énergie dans un moment de crise monétaire ou de panique commerciale.

» Mais l'objet de ces mesures est précisément d'empêcher (autant que peut faire une Loi) le retour des maux dont nous avons souffert en 1825, 1836 et 1839.

» Mieux vaut prévenir l'accès que de le laisser se déclarer, en ayant confiance, pour l'arrêter, en des remèdes désespérés. »

a été laissée tout entière à ses Directeurs. Ils ont eu à
leur disposition :

    1° Capital et Bénéfices non répartis. £ 17,553,000
    2° Dépôts publics et particuliers,
s'élevant en moyenne pour 1865. · £ 21,000,000

Ensemble :   £ 38,553,000

C'est avec ces ressources d'environ 38 millions 1/2
de livres que la Banque a opéré.

Le premier devoir de toute Banque de dépôt est
sans contredit de conserver toujours en caisse une
partie des sommes qui lui sont confiées.

Lorsque cette réserve est égale au tiers du total, et
que le reste est représenté par ce qu'on appelle habituellement de bonnes valeurs de Banque, comme des
Lettres de change, des Prêts à courte échéance sur
gages sérieux, des Rentes, etc., le banquier n'a aucun
embarras à redouter.

Quant au Capital, ce n'est nullement une nécessité
d'en tenir une portion en réserve; il doit assurément
être employé en placements d'une solidité incontestable, mais n'a pas besoin d'être aussi facilement réalisable que les fonds qui servent de garantie aux Dépôts.

L'objet d'un Capital considérable est d'inspirer une
complète sécurité aux Déposants, et avant tout au Public, directement intéressé à la conservation des ressources communes.

A un autre point de vue, celui du profit qu'on en
peut retirer, un très-fort Capital n'est pas à souhaiter,
parce que les bénéfices doivent alors être divisés en un
trop grand nombre de parts.

Supposons que la Banque réalise un bénéfice an-

nuel de £ 1,400,000 ; on aura, pour un Capital de
£ 14,000,000, un intérêt de 10 %. Mais si le Capital
était réduit de 14 à 4 millions de livres, la Banque ferait le même bénéfice, diminué seulement de l'intérêt
de 10,000,000 de livres placées, c'est-à-dire :

. . . . £ 1,400,000
moins l'intérêt à 4 % de £ 10,000,000
restituées aux Actionnaires ; soit : . £ 400,000

Il resterait : . . . . £ 1,000,000

qui, partagées entre les propriétaires de quatre millions sterling en actions, représenteraient non plus
10 % mais 25 % par an.

Il ne faut cependant pas en conclure qu'une telle
diminution de Capital serait avantageuse ou profitable
aux Actionnaires. La Banque d'Angleterre est et a toujours été citée comme possédant le plus fort Capital de
toutes les Banques du monde. Le prestige dont elle est
entourée est immense ; jamais aucun Gouvernement
n'a mis en doute sa sûreté pour les dépôts publics de
tout genre ; ses Actions sont devenues le placement
le plus recherché par les fortunes publiques et particulières ; or, il paraîtrait douteux qu'avec un Capital sensiblement diminué elle jouît de la même considération.

Les Actionnaires ne se plaignent pas, et il n'y a certes
pas lieu de souhaiter aucun changement.

Ce serait une erreur de croire que le Capital de la
Banque n'est pas à même de servir les intérêts com-
merciaux ; les prêts faits à diverses Sociétés, en vue
d'améliorations locales, à des Compagnies de chemins
de fer pour amortir leur dette, etc., etc., tendent à
soulager la Place d'un certain nombre de demandes,

et à laisser plus de fonds disponibles pour les autres besoins.

La Banque a toujours été en mesure de faire droit à toute réclamation fondée de ses déposants ; ils pourraient être tous désintéressés, la Banque elle-même pourrait être liquidée et fermée, dans l'espace de quelques mois, sans qu'il y eût nécessité de toucher à un penny du Capital, qui serait alors réparti entre les Actionnaires.

Toutefois, on pourrait demander avec assez de raison : « Pourquoi, les affaires ayant toujours été aussi sûres et aussi simples, la Banque a-t-elle été obligée, plusieurs fois depuis 1844, de recourir à d'autres moyens qu'à ses propres ressources, pour faire face aux demandes qui lui étaient adressées ?

Ceci exige, par le fait, une explication, et je vais tâcher de la donner.

Je pourrais dire, en termes généraux, que ce fait résulte de ce qu'on a demandé à la Banque de sortir des attributions ordinaires d'une banque de dépôt ; mais je veux entrer dans des détails plus précis.

Pendant plusieurs années, la Banque a été appelée à escompter du papier, et à faire des avances à des échéances pour ainsi dire aussi longues que le public le désirait, et même à d'autres personnes qu'à ses Comptes-courants. Aussi est-ce l'opinion générale qu'il n'y a pas de limite aux prêts que pourrait faire la Banque en cas de crise, et qu'elle est à même, grâce à ses vastes ressources, de répondre aux demandes les plus anormales, se réservant seulement de les modérer par l'élévation graduelle du taux de l'Escompte. De là encore ce préjugé trop accrédité, que c'est la Banque d'Angleterre qui fixe le taux de l'intérêt, ce qui est complétement faux en thèse générale.

Lorsque les demandes d'escompte prennent des proportions extraordinaires, c'est presque toujours une preuve que la Banque accepte le papier à des conditions plus douces que les autres banquiers ou capitalistes. Si à ce moment elle n'élève pas le taux de son escompte, on se procurera de l'argent chez elle à meilleur compte que sur la place, et, tandis que l'intérêt deviendra ailleurs de plus en plus élevé, les demandes continueront à affluer à la Banque, jusqu'à l'épuisement de ses ressources ; aussi longtemps que la Banque continuera à prêter au-dessous du cours, elle attirera naturellement à elle tous les emprunteurs.

« Mais, a-t-on dit, à quoi sert son immense Capital, s'il n'est pas possible de l'utiliser dans de semblables circonstances ? »

J'ai déjà expliqué quel rôle j'assignais au Capital de la Banque ; mais en supposant qu'il fût prudent de le faire intervenir dans une crise monétaire, je soutiens qu'il n'y aurait pas lieu d'en agir de la sorte. Ou une certaine portion du Capital devrait être réservée pour ces occasions extraordinaires, ou il y aurait nécessité de prélever sur les valeurs placées de quoi former l'encaisse indispensable aux besoins du moment. Il est d'une grande importance, dans les opérations d'escompte, de bien connaître le crédit et la moralité des personnes dont la signature se présente le plus habituellement. Comment arriver à cette connaissance, si ce n'est par des notes constamment tenues au courant ? Il est donc essentiel, pour la bonne direction et le succès d'affaires de ce genre, qu'elles aient lieu régu-

lièrement et sans interruption avec autant d'uniformité
que possible. Toute leur sûreté repose sur l'expérience
de ceux qui y donnent constamment leurs soins, et elles
courraient de grands risques, comme je l'ai déjà dit, si
elles ne pouvaient se développer que par intermittence
et à des intervalles indéterminés. De plus, la crise
passée, les fonds ne trouvant plus d'emploi retourne-
raient à leurs premiers placements ; autant de pertes
d'intérêts, pendant tout le temps nécessaire pour réaliser et pour placer de nouveau.

En résumé, on ne peut consacrer à l'Escompte une
somme d'argent trop considérable, à moins que la
Banque ne soit disposée à faire suivre au taux de l'intérêt les fluctuations du marché, l'élevant et l'abaissant
toujours au degré où les autres capitalistes ont intérêt
à l'amener. Cela nécessiterait des variations fréquentes,
presque quotidiennes, du taux de l'Escompte, contre
lesquelles nombre de gens ne trouvent rien à objecter,
mais qui, je crois, ne seraient pas généralement ap-
prouvées. Beaucoup de personnes, peu sympathiques
à ces constantes variations, disent qu'elles seraient en
grande partie évitées si la Banque était plus indiffé-
rente à l'augmentation de sa réserve ; elles voient, en
général, moins d'inconvénient à élever qu'à abaisser
le taux de l'Escompte.

« Que la Banque, disent-elles, laisse sa réserve
grossir, le jour ne tardera pas où se produiront des
demandes pour l'utiliser. »

Je ne peux croire que ce système soit avantageux :
ce serait aller à l'encontre de tous les principes de la
Banque, que de laisser des réserves sans emploi, dans
l'espérance imaginaire qu'à un moment donné on en

pourrait opérer le placement d'une manière sûre et avantageuse. Il ne faut pas oublier que la Banque peut, tout en demeurant « tranquille » comme on dit, influer énergiquement à certaines époques sur le cours de l'argent, par un mouvement subit du taux de son escompte.

Un autre système proposé consisterait à conserver une certaine somme habituellement inactive, et dont on ne ferait usage que dans les cas extraordinaires. Au tiers des Dépôts ordinairement mis en réserve on ajouterait des fonds supplémentaires destinés aux moments de panique, ou mieux dans le but de prévenir ces paniques. La publication des bilans ferait connaître la disponibilité de cette réserve extraordinaire, et dès lors la nécessité d'élever le taux de l'Escompte n'apparaîtrait plus avec le même caractère d'urgence, lors même que la réserve réglementaire du tiers des dépôts serait déjà entamée.

Mais qui pourra être juge du moment où la réserve additionnelle devra être employée, et de l'opportunité de prêter cet argent au cours de la place, quand la Banque aura maintenu son escompte à un taux trop bas, ainsi que le prouvera l'affluence des demandes d'argent? Ces demandes pourront, en quelques jours ou en quelques semaines, dépasser les ressources de la Banque, et cependant celle-ci n'aura pas élevé le prix de cet argent comptant dont le besoin se fera impérieusement sentir! En aucun cas, il ne peut être dans l'intérêt de la Banque d'avancer de l'argent au-dessous des cours.

Quelques modifications qu'on apporte dans le placement du Capital, cette opinion généralement répandue

dans le public n'en subsistera pas moins qu'il dépend
de la Banque d'Angleterre de remédier aux difficultés
monétaires, lorsque les banquiers et les commerçants
laissent s'épuiser leur argent comptant, et de suppléer
à ce qui leur fait alors défaut.

La Banque et le Commerce doivent être désabusés
de la croyance que les engagements à échéance peuvent
leur être immédiatement payés sans que des ressources
particulières soient spécialement affectées à cet usage ;
ils doivent aussi apprendre que la Banque d'Angleterre
ne peut, par aucun expédient, être en mesure de leur
fournir de l'argent comptant, en dehors des fonds qu'elle
tient en réserve, comme toute Banque de dépôt sagement conduite ; la réserve une fois épuisée, les emprunteurs doivent attendre que les demandes soient rentrées
dans les limites ordinaires.

Malheureusement, telle n'est pas l'idée qu'on s'est
généralement faite, à Londres, de la Banque d'Angleterre. On a attendu d'elle, comme je l'ai déjà dit, ce qui
était impossible : c'est-à-dire de l'argent comptant quand
les demandes avaient épuisé ses ressources. C'est le
désir de satisfaire ces demandes, si déraisonnables
qu'elles fussent, qui a fait recourir, à trois reprises différentes, à des mesures qui n'eussent jamais été nécessaires si le public avait su diriger ses propres affaires
avec prudence et sagesse.

Je ne parlerai pas ici en faveur d'une loi qui forcerait
le Commerce à se montrer plus prudent ; je regretterais
même qu'une intervention quelconque vînt ralentir les
transactions ou la spéculation. Que chacun place son
argent comme il l'entendra, se livre au commerce avec
le Capital qu'il voudra, emprunte au taux et avec les

garanties qu'il pourra, mais que le monde commercial soit averti de temps à autre qu'un établissement comme la Banque d'Angleterre ne peut fournir d'argent comptant que dans une certaine mesure déterminée par les dépôts qui lui sont confiés.

Un de mes parents, C. Poulett Thomson, me disait il y a quelques années que rien n'était plus facile à diriger que les affaires de Banque, « pourvu seulement qu'on sût faire la différence entre une Hypothèque et une Lettre de change. »

Cet aphorisme peut paraître absurde au premier abord ; pour moi, je le crois plein de sagesse.

On croirait volontiers qu'il suffit d'un peu d'habitude pour distinguer une hypothèque d'une lettre de change ; il est, au contraire, facile de s'y tromper ; et je suis convaincu que, si l'on voulait remonter soigneusement à l'origine de ce qu'on appelle habituellement lettres de change, on reconnaîtrait qu'elles ne sont pas autre chose que des hypothèques. Ce sont en effet des promesses de paiement ; or, un engagement de ce genre est, de fait, inséparable de toute hypothèque ; seulement dans l'hypothèque aucune mention spéciale ne garantit que les fonds seront prêts à une échéance déterminée.

Au contraire, la lettre de change est assurée de ce côté : elle consiste en un transfert de Capital opéré dans de certaines conditions, qui établissent qu'à une époque fixée les mesures nécessaires auront été prises pour remettre ce Capital entre les mains du bénéficiaire.

C'est sur ce principe que reposent les Billets de toutes les Banques. Il n'y a là qu'un transfert de Capital qui doit s'effectuer par provision spéciale et à jour fixe.

La lettre de change, que j'appellerai une hypothèque

, pour la démonstration, n'est pas entourée de semblables précautions. Exemples :

1er Janvier 1866.

A six mois de date, payez à l'ordre de . . . . la somme de £ 5,000, valeur reçue suivant les conventions.

A. B.

A . . . . Compagnie de Chemin de fer.

Cette traite, tirée par un Entrepreneur de Chemins de fer, est payable le 1er Juillet 1866. La Compagnie n'aura d'argent disponible, pour en acquitter le montant, qu'en émettant des obligations nouvelles; ce qui revient à emprunter à des capitalistes pour remplir ses engagements.

Sunderland, 1er Janvier 1866.

A six mois de date, payez à l'ordre de . . . . la somme de £ 3,500, valeur en fournitures de marine.

C. D.

A Messieurs . . . . . , Armateurs.

Les accepteurs, armateurs, se procureront les moyens de payer cette traite en donnant une hypothèque sur le vaisseau.

1er Janvier 1866.

A six mois de date, payez à l'ordre de. . . . . . la somme de £ 2,000, valeur reçue suivant les conventions.

E. F.

A Messieurs . . . . , Entrepreneurs.

Cette traite de £ 2,000 sera payée avec de l'argent emprunté à quelque compagnie d'assurance, sur des bâtiments en construction.

Liverpool, 1er Janvier 1866.

A trois mois de date, payez à l'ordre de .   .   .   .
la somme de £ 2,000, valeur en cotons.

G. H.

A Messieurs.   .   .   .   .   , Courtiers.

Le coton dont il s'agit est en route pour venir d'Amérique; il sera, à l'arrivée, livré aux Accepteurs de la traite de £ 2,000, qui pourront alors emprunter à leur banquier en engageant les warrants des docks.

Ces quatre opérations ne sont pour moi que des hypothèques, mais le papier créé à leur effet n'en porte pas moins le nom de lettres de change.

L'argent comptant a un rôle plus essentiel que celui de produire des intérêts. Chacun s'efforce pourtant de lui en faire rapporter, tout en voulant lui conserver son emploi spécial comme argent comptant, ce qui est complétement impossible. De quelque façon qu'on s'y prenne, il ne peut jamais compter comme Capital au delà des limites de sa valeur intrinsèque, et ce sont les efforts incessamment dirigés vers un but impossible à atteindre qui causent tant de perturbations dans le Crédit.

On a longtemps attendu de la Banque d'Angleterre l'assistance nécessaire pour opérer cette merveille, et cette attente a donné lieu à la plupart des difficultés causées par les crises monétaires dans ces vingt dernières années.

Le journal l'*Economiste* (numéro du 22 Septembre 1866) a émis la doctrine la plus pernicieuse, à mon sens, qui ait jamais été professée dans la finance ou dans la banque en ce pays. Selon lui, c'est un devoir pour la Banque d'Angleterre de tenir constamment des fonds à la disposition des banquiers dont les capitaux sont engagés. Tant qu'une pareille opinion n'aura pas été répudiée dans l'intérêt même des affaires, il sera bien difficile de maintenir, à Londres, les saines traditions de la Banque; je ne crois pas toutefois que les banquiers de Londres se croient généralement en droit d'attendre de la Banque des secours pour les moments difficiles.

Ce que je regarde comme le devoir indiscutable de la Banque d'Angleterre, c'est de consacrer ses dépôts (réserve faite d'environ un tiers comme fonds disponibles) à des placements aussi sûrs et aussi avantageux que possible, et, en cas de crise monétaire subitement produite par une cause quelconque, de s'employer à la conjurer dans la mesure de ses ressources. Je sais bien qu'on a longtemps soutenu qu'elle devait être en mesure de faire davantage, mais je m'étonne de voir une pareille opinion trouver un avocat dans l'*Économiste*.

Fût-il possible à la Banque de garder des fonds inactifs en vue des circonstances difficiles, ce serait une folie que de le faire. Mais je soutiens que cela serait aussi impraticable que désavantageux; et je ne puis que regretter que la Banque, dans son désir de faire tout ce qui est possible pour aider la Banque ou le Commerce dans les moments de détresse, ait elle-même en quelque sorte accrédité l'erreur que je signale. Plus la Banque se rapprochera, dans la direction de ses affaires, de toute autre banque bien administrée du Royaume-Uni, mieux elle servira ses propres intérêts et l'intérêt public.

Le 11 Mai 1866, la Banque s'efforça d'atteindre ce but si souvent poursuivi, de satisfaire sans restrictions à toutes les demandes d'emprunt; le résultat fut, au bout d'un petit nombre d'heures, une diminution beaucoup trop considérable de la réserve. Qu'on n'en fût pas moins en mesure de faire face à toutes les éventualités, c'est-à-dire de remplir tous les engagements, cela est hors de doute, puisque l'intégralité du Capital demeurait intacte; la seule chose mise en question était de savoir quelle conduite on devait tenir en présence de ces demandes subites; s'il fallait renforcer l'encaisse par une vente de valeurs, ou s'efforcer de satisfaire les besoins, sans prendre d'autre précaution que d'élever le taux de l'intérêt, afin d'écarter les emprunteurs les moins pressés et d'assurer un prompt remboursement, la crise une fois passée, et les capitaux revenus sur le marché.

La permission accordée à la Banque d'employer une partie des réserves de l'État dans les pressants besoins d'argent, la met à même d'étendre largement ses avances, et lui assure ainsi, en cas de nécessité, des ressources extraordinaires. Mais ce serait assurément un grand avantage pour le pays, si on pouvait épargner à la Banque ou à l'État de pareils sacrifices; et si les banquiers et les négociants se préoccupaient davantage de se pourvoir d'argent comptant pour les moments où il devient rare, et n'engageaient pas une aussi grande part de leur Capital dans des placements difficiles à réaliser, le résultat désiré serait, sinon atteint, du moins bien près de l'être.

La cause immédiate des demandes inattendues du 11 Mai 1866 fut évidemment la faillite de la nouvelle Société Overend Gurney et Cie ; mais on peut leur assigner, comme cause plus ancienne, l'abondance de valeurs non réalisables qui depuis longtemps encombraient le marché.

Quand j'ai établi que la Banque élevait le taux de l'intérêt pour entraver les demandes d'argent, je n'ai pas voulu faire comprendre que, dans sa pensée, un taux quelconque pût arrêter complétement les personnes conduites à emprunter par un réel besoin d'argent comptant. Les intérêts à payer n'importent guère, dans les cas pressants.

La Banque sait bien aussi qu'il peut se produire des crises soudaines où personne ne voudrait se démunir d'argent comptant, pour si peu de temps que ce fût. Aucune précaution ne peut mettre en garde contre ces sortes de dangers un homme qui est dans les affaires.

Il n'en est pas moins important de persuader à tout le monde que le temps seul peut être un remède efficace à des maux de ce genre, et surtout que, sous aucun prétexte, la Banque ne peut se dessaisir de la partie de son encaisse métallique, qui est si sagement tenue en réserve pour assurer le remboursement des Billets.

J'ai fait allusion à cette opinion si accréditée que, par un expédient quelconque, que personne n'a encore défini, la Banque pourrait, comme le désire l'*Économiste*, mettre fin à toute espèce de difficulté financière ; que surtout les bonnes Lettres de change, c'est-à-dire celles qui ont été créées pour répondre à des besoins incontestables, devraient être escomptées par la Banque, quelle que fût leur échéance. Un des arguments produits à l'appui de ce système est le caractère d'utilité publique qu'a l'institution de la Banque.

Supposons que cet argument ait quelque poids : ceux qui attribuent aux porteurs de Lettres de change le droit de réclamer à la Banque de l'argent comptant, en échange d'engagements éloignés, ne paraissent pas avoir songé qu'il existe en Angleterre beaucoup d'autres compagnies engagées dans des Travaux d'une incontestable utilité publique, et qui pourraient également réclamer qu'on les considérât au même titre que les possesseurs de Lettres de change. Pourquoi les Entrepreneurs de travaux publics, les Constructeurs de chemins de fer, les Compagnies de chemins de fer, les Constructeurs de navires, les Armateurs, les Propriétaires, les Compagnies de Docks, et tant d'autres dont les opérations intéressent si directement le pays, pourquoi enfin les Agriculteurs n'auraient-ils pas les mêmes droits que le Public aux bienfaits d'une institution telle que la Banque d'Angleterre ?

Il ne faut pas perdre de vue, en examinant la question sous toutes ses faces, qu'à un moment donné il n'y a dans le pays qu'une quantité déterminée d'argent comptant, ou, pour se servir d'un terme plus large, de Capital flottant. En affecte-t-on une partie aux usages d'une classe de la Société, c'est autant d'enlevé aux autres, ou tout au moins à quelqu'une des autres.

Ainsi donc, la prétention émise par ceux qui soutiennent le droit qu'ont les possesseurs de Lettres de change de les escompter à la Banque d'Angleterre, quelle que soit leur échéance, aurait pour résultat de faire profiter une classe unique de priviléges particuliers, aux dépens de toutes les autres.

On a prétendu, et beaucoup de personnes ont partagé, je crois, cette opinion, que si l'Acte de 1844, aux termes duquel la Banque d'Angleterre doit publier un bilan hebdomadaire dans une forme praticulière, n'eût pas existé, et que si cette publication avait été faite dans les formes usitées avant 1844, la panique de Mai 1866 n'aurait probablement pas eu lieu; et en admettant qu'une légère crise monétaire se fût produite, elle n'aurait jamais atteint des proportions aussi formidables, et jamais le taux de l'escompte ne se serait élevé à 10 %.

Avant de démontrer la fausseté de cette assertion, je veux rappeler à mes lecteurs que, lors même que l'Acte de 1844 n'eût pas existé, il est douteux, si on raisonne par analogie, que l'encaisse métallique eût dépassé, au commencement de Mai 1866, la somme de 13 millions de livres.

Supposons toutefois que cet encaisse eût été le même au 9 Mai 1866, soit. . . . £ 13,156,140

Dépôts. . . . . £ 19,297,363

Placements. . . . . . . £ 32,185,470

Les comptes, publiés suivant l'ancienne méthode, eussent donné :

Passif :

Circulation et Post-Bills. . . . £ 22,806,659
Dépôts publics. . . . . . . £ 5,781,826
Dépôts particuliers. . . . . £ 13,515,537

£ 42,104,022

Actif :

Placements. . . . . £ 32,185,470
Monnaies, Métaux précieux. . . £ 13,156,140

£ 45,341,610

Différence du Passif et de l'Actif, en faveur de ce dernier. . . . . £ 3,237,588

Je présume que personne ne verra une conséquence de l'Acte de 1844 dans la faillite de la Société à responsabilité limitée Overend Gurney et Cⁱᵉ, et dans l'alarme qu'elle a produite dans le monde financier. Les banquiers de Londres et de province, ainsi que tous les capitalistes qui avaient déposé des fonds dans les caisses de cette Compagnie par Actions, durent naturellement songer, lorsqu'elle suspendit ses paiements, à trouver des ressources, au moins égales à celles qu'ils possédaient chez Overend Gurney et Cⁱᵉ, dont ils avaient cru pouvoir disposer après avis, et dans un délai généralement assez court. Mais évidemment les hommes prudents ne s'en sont pas tenus là, et, dans l'évantualité de désastres ultérieurs, chacun s'est efforcé de se procurer le plus d'argent comptant possible, sans se préoccuper des pertes d'intérêt. Or, qui dit argent comptant dit billets de Banque. Comment pouvait-on arriver à se procurer de ces billets à la Banque d'Angleterre? Par l'un des trois moyens suivants :

1° En retirant les dépôts confiés à la Banque ;

2° En vendant des valeurs, et en les échangeant contre des billets de Banque ;

3° En escomptant à la Banque des Lettres de change, ou en obtenant d'elle des prêts sur telle ou telle garantie qu'elle voudrait bien accepter.

Le premier de ces trois moyens ne répondait nullement aux besoins du moment : ceux qui avaient alors des dépôts à la Banque en auraient plutôt augmenté que diminué le montant, personne, ou peu s'en faut, ne concevant d'inquiétudes au sujet de fonds confiés à la Banque d'Angleterre.

Le deuxième, qui consistait à réaliser des valeurs placées, était, sinon impraticable, du moins extrêmement difficile à employer dans un pareil moment, où la vente n'aurait pu s'effectuer qu'au prix d'une perte considérable.

Enfin, le parti de présenter du papier à l'escompte était le plus naturel, et le plus généralement adopté, au moins par ceux qui étaient possesseurs de Lettres de change.

Les choses en étant à ce point, et la situation des comptes étant telle qu'on vient de voir, comment eût-on pu justifier que la Banque continuât à avancer des fonds au même taux qu'avant la crise ?

Si l'on veut prendre la peine de suivre les bilans hebdomadaires, tels qu'ils auraient été publiés sous la forme en usage avant 1844, depuis cette époque jusqu'à ce jour, on reconnaîtra qu'aucune forme, ancienne ou autre, adoptée pour la publication des Comptes, n'aurait pu faire admettre au public que la Banque ne dût pas sensiblement élever le taux de son escompte.

Je donne en note (1) la situation des Comptes de la Banque sous l'ancienne forme, telle qu'elle aurait été publiée le 30 Mai et le 4 Juillet.

D'après ces Comptes il est évident que la Banque saisit la plus prochaine occasion de réduire le taux de l'escompte, et un examen plus approfondi démontrerait qu'à toutes les époques où d'autres réductions se sont produites, elles ont eté motivées par la situation des Comptes et par l'état des changes étrangers. La première réduction, de 10 à 8 %, qui eut lieu le 16 Août, fut justifiée par l'état des changes étrangers et par la quantité des importations de numéraire, plutôt que par la situation de la réserve de la Banque.

C'eût été une faute grave, au moins aux yeux du plus grand nombre, que d'abaisser le taux de l'escompte, alors qu'on pouvait à chaque instant se retrouver dans la nécessité de l'élever.

(1) 30 Mai 1866.

Circulation, Post-Bills compris,		Placements. . . . £.	44,759,100
£.	26,562,525	Espèces et mé-	
Dépôts publics. .	6,188,512	taux précieux.	11,878,775
particul..	20,467,079	£.	56,637,875
		Solde. . .	3,419,759
£.	53,218,116	£.	53,218,116

4 Juillet 1866.

Circulation, Post-Bills compris,		Placements. . . . £.	41,974,676
£.	26,497,624	Espèces et mé-	
Dépôts publics. .	6,800,251	taux précieux.	14,876,945
particul..	19,939,607	£.	56,851,621
		Solde. .	3,614,139
£.	53,237,482	£.	53,237,482

Le résultat de ce taux élevé fut d'attirer dans le pays les capitaux étrangers. Cet effet ne se produisit pas, il est vrai, aussi rapidement que dans d'autres circonstances analogues, probablement parce que le mal, cause première de la crise, avait été plus profond que jamais ; il ne s'en fit pas moins sentir à la longue ; et je ne puis croire qu'il y ait le moindre motif de supposer que, sans l'Acte de 1844, le taux de l'intérêt eût été plus doux ; dans mon opinion, il aurait été au contraire plus élevé.

En résumé, je me suis efforcé de démontrer que :

1° L'Action de la Banque, en ce qui concerne l'émission des billets, est purement mécanique ; le total de la circulation est subordonné aux besoins du moment, et il ne dépend des Directeurs ni de l'augmenter ni de le réduire.

2° La quantité de billets qui peuvent être mis en circulation est réellement illimitée, puisqu'elle n'a d'autre borne que la quantité d'or existant dans le monde entier.

3° Le privilége d'émettre des billets tenant lieu de numéraire doit être soumis au contrôle direct de l'État, la Loi statuant qu'aucun billet ne doit être émis sans qu'une provision suffisante assure son remboursement.

4° La Banque ne peut s'écarter des principes fondamentaux qui régissent les Établissements analogues, sans courir elle-même de risques, et compromettre en même temps les intérêts de la finance et du commerce.

5° La seule précaution qui pourrait prévenir, ou au moins atténuer les effets des paniques financières, serait que les négociants prissent soin de conserver toujours une certaine partie de leur actif en argent comptant, (j'emploie de préférence ces mots comme étant plus intelligibles que ceux de Capital disponible) et de proportionner cette réserve à l'importance de leurs affaires.

6° Une telle réserve d'argent comptant ne peut être faite par la Banque d'Angleterre dans une mesure suffisante, pour suppléer à celle que les banquiers et les commerçants ont le devoir de maintenir.

Enfin, la cause de toutes les crises monétaires est en général le mauvais emploi du Capital, qui ne devrait jamais être engagé que dans des valeurs d'une réalisation facile.

J'ai donné à ces observations un peu plus de développement que je n'avais l'intention de le faire, et j'ai cherché à m'appesantir sur les points qui touchent aux opérations de banque et à la Circulation, auxquelles la Banque d'Angleterre est elle-même si étroitement liée. Le fonds du sujet a été si souvent traité par les auteurs les plus compétents, qu'il y aurait présomption de ma part à l'aborder de nouveau. Toutefois, je m'empresse de recommander aux personnes que la matière intéresse deux articles publiés par M. Wolowski dans la *Revue des Deux-Mondes*, les 15 Août et 1er Septembre 1866. L'auteur, dont l'opinion fait autorité, démontre combien il apprécie les avantages que la Banque d'Angleterre a retirés de l'Acte de 1844.

J'appellerai également l'attention sur un Mémoire de la Chambre de Commerce de Bristol au Chancelier de l'Échiquier, qui a paru dans l'*Économiste* du 20 Novembre 1866. Enfin, je mentionnerai la séance de la

Chambre des Communes du 31 Juillet de la même année, et spécialement la proposition d'enquête sur la Circulation, la Banque, etc., faite par M. Watkin, ainsi que les remarquables discours de sir Stafford Northcote et de MM. Fawcett et Hubbard.

CONFÉRENCE SUR LA BANQUE

SON UTILITÉ ET SES OPÉRATIONS

FAITE A PETERBOROUGH, LE 29 NOVEMBRE 1858.

La Banque est le commerce de l'argent (achat, vente, échange, recette et paiement) ; j'entends l'argent, abstraction faite de la valeur qu'il représente, mais en tant qu'intermédiaire universel dont se servent toutes les nations civilisées, en tant que valeur échangeable, dont la fonction est de rendre aussi simple et aussi facile que possible le mutuel trafic de tous les produits nécessaires au genre humain.

Pour bien faire apprécier les avantages et l'économie que la Société doit au système de la Banque, il est, je crois, nécessaire de rappeler cette définition générale ; car c'est une opinion très-répandue que les banquiers ont le pouvoir de contribuer pour beaucoup à la prospérité d'un pays, en augmentant son capital ; or, ce pouvoir ne saurait leur être attribué sans qu'on risque de jeter une grande confusion dans l'idée qu'on doit se faire du Capital.

Je saisis cette occasion pour préciser ce que j'entends par Capital, et pour expliquer en même temps dans quel sens j'emploierai le mot de Circulation. Le premier terme signifie, à mon sens, une réserve de toute espèce de biens susceptibles d'être échangés ; le second désigne l'argent dans les sens les plus ordinaires du mot : numéraire en or ou en argent, et billets de Banque. Je ne considérerais certes pas comme inopportune une discussion sur la signification exacte qu'on doit attribuer à ces deux mots, ou sur la définition qu'en ont donnée M. Mill et d'autres écrivains distingués ; mais je me borne à ces deux explications générales de ma propre manière de voir, qui suffisent aux besoins du sujet que nous nous proposons d'examiner aujourd'hui.

J'ai déjà dit qu'on attribue à la Banque la faculté de créer le Capital. De ce qu'on voit dans les Banquiers des dispensateurs du Capital ou du Crédit qui en tient la place, on conclut qu'ils peuvent en quelque sorte le faire naître, et que les fonds qu'ils fournissent, ou le crédit qu'ils accordent s'ajoutent au Capital dont dispose le pays. On ne devrait cependant jamais perdre de vue qu'un Pays quel qu'il soit ne peut tirer de capitaux nouveaux que des mêmes sources qui ont fourni le Capital primitif, c'est-à-dire de la surabondance des revenus, de la production, du travail et du superflu.

Quand une société à l'état primitif consomme immédiatement les produits de son travail, aucun de ces produits ne peut être considéré comme Capital ; cette société peut n'être ni moins heureuse ni moins florissante; mais tant que dure cet état de choses, il n'y a point de Capital possédé. Quand la société, ou quelqu'un de ses membres, arrive à mettre de côté une portion de ses produits, c'est-à-dire à rendre la production supérieure à la consommation, ce surplus devient un Capital; et, qu'il doive être consommé plus tard, ou échangé contre d'autres produits, il est dans les conditions voulues pour jouer un rôle actif; si au contraire il n'est pas propre à l'un ou à l'autre de ces deux usages, il reste sans valeur, de quelque quantité de marchandises ou d'or qu'il soit composé.

Puisqu'il est ici question de l'or, je dirai, relativement à l'usage particulier dont nous nous occupons, que je ne connais pas un métal dont l'accumulation soit plus dépourvue d'utilité. Il a certainement sa valeur au point de vue commercial; mais si l'on supprime son emploi comme monnaie, il n'est pas un métal ou un minerai qui ne rende plus de services.

Jusqu'au moment où le progrès que j'ai essayé de décrire a produit une certaine somme de bénéfices que j'appelle Capital, on n'a que faire des services du banquier. S'il n'y avait pas dans le mouvement de ce Capital quelque chose d'analogue à un échange de marchandises, il n'y aurait pas eu besoin de créer des banques destinées à faciliter ce mouvement; je ne crois pas non plus que le commerce du Banquier ait existé avant que l'argent n'ait été adopté partout comme intermédiaire.

Je demande la permission d'emprunter à la récente publication de M. Mac-Culloch sur la banque le passage suivant :

« Les affaires de Banque ne commencèrent à se développer à Londres qu'au XVIIe siècle. Elles étaient précédemment entre les mains des marchands d'or, qui prêtaient aux gouvernements et aux particuliers les fonds engagés chez eux. Plus tard, ces affaires furent centralisées dans des établissements qui en firent leur spécialité, en suivant à peu près les usages pratiqués aujourd'hui.

« Les opérations de Banque ont probablement existé de tout temps dans les pays civilisés. Les banquiers Grecs et Romains se livraient à peu près au même trafic que ceux de nos jours, sauf qu'ils ne paraissent pas avoir émis des billets. Ils recevaient des fonds en dépôt, et payaient, à présentation ou à des époques déterminées, des chèques ou des billets à ordre, en tenant ou non compte des intérêts. Leur bénéfice résultait de la différence entre l'intérêt qu'ils réclamaient de leurs emprunteurs, et celui dont ils faisaient profiter leurs déposants. Ils avaient aussi pour mission d'estimer les monnaies étrangères, et de les échanger contre celles d'Athènes, de Corinthe, de Rome, etc., et de négocier les Lettres de change. Ils jouissaient généralement d'une haute considération, et on avait la plus grande confiance dans leur intégrité.

« L'intérêt perçu par les banquiers était quelquefois très-élevé ; mais ce n'était pas, comme on l'a allégué, un effet de leur rapacité ; c'était une conséquence naturelle des dispositions défectueuses de la loi, qui, donnant toute facilité aux débiteurs pour éviter de payer leurs dettes, forçait les banquiers à adopter un taux proportionné aux risques qu'ils avaient à courir. A une époque plus rapprochée, les opérations de Banque et de Change furent, pendant un long espace de temps, presqu'entièrement accaparées par les Juifs et les Lombards d'Italie. »

Il suit de là que, dans tous les pays où l'argent fut en usage, les affaires de Banque parurent en devenir la conséquence naturelle.

Conformément aux principes les plus élémentaires de l'économie, basés sur la division du travail, en même temps que l'usage de l'argent se vulgarisait, la Banque devenait un commerce ordinaire, comme celui des bouchers et des boulangers, et concourait comme eux, dans la mesure de ses moyens, à la répartition la plus facile et la plus économique des objets de consommation. La Banque était le canal par lequel s'écoulait l'argent devenu presque une marchandise, le moyen par lequel cet argent, si le besoin ne s'en faisait pas sentir pour quelques-uns, pouvait être utilisé par les autres, le banquier paraissant jouer et jouant réellement tour à tour le rôle d'emprunteur et de prêteur.

En aucun cas, le banquier n'est créateur du Capital ; il ne fait que le distribuer, de même que le boucher et le boulanger n'ont d'autre fonction que de distribuer leurs produits respectifs, et ne concourent au bien-être de tous que par l'économie de temps et d'argent qui résulte de ce système général.

Je suppose que vingt personnes aient eu besoin d'un Capital de 1,000 livres et de 30 jours de travail pour obtenir un résultat déterminé sans recourir aux services des banquiers, des bouchers ou des boulangers ; si, par l'intermédiaire de ceux-ci, les mêmes personnes n'ont plus besoin, pour arriver au même résultat, que de 500 livres de Capital et de 20 jours de travail, il y aura pour la société une économie de 10,000 livres de

Capital et de 10 jours de travail, dont il y aura certainement à tirer un parti quelconque.

Mais je dois encore vous rappeler qu'en aucune circonstance les banquiers, les bouchers ou les boulangers ne créent un Capital : ils ne sont que des agents destinés à économiser le Capital déjà existant, et à concourir à son accroissement, en le mettant plus rapidement en œuvre.

Peut-être quelques-uns de mes amis seront-ils tentés de me dire : « Nous comprenons parfaitement votre raisonnement, appliqué au banquier qui se borne à recevoir des dépôts et à effectuer des paiements avec les fonds d'autrui, mais il cesse d'être juste s'il s'agit d'un banquier qui émet des billets : celui qui par exemple met en circulation 10,000 livres en billets de banque dans une contrée où il n'en existait pas auparavant, a sans aucun doute augmenté de 10,000 livres le capital productif de cette contrée. »

Comme cette idée est très-généralement répandue, je vous demanderai quelques instants d'attention pour suivre avec soin cette partie de notre sujet.

En premier lieu, examinons comment un banquier peut émettre et maintenir en circulation 10,000 livres de billets de banque. Il peut escompter des Lettres de change, c'est-à-dire substituer son propre engagement à l'engagement exprimé par ces Lettres de change ; dans l'un et l'autre cas, il y a promesse de payer à échéance une somme déterminée ; il peut acheter des valeurs, c'est-à-dire donner en échange de ces valeurs, ou de toute autre chose, sa promesse de payer au moment où il en sera requis ; il peut encore prêter ses propres billets, c'est-à-dire s'engager à payer à présentation, en donnant à son engagement une forme qui permette à l'emprunteur de l'échanger contre des espèces ou des valeurs quelconques.

D'autre part, un banquier parvient difficilement à faire accepter comme argent comptant les billets émis par lui, s'il n'est généralement connu pour offrir des garanties, ou, en d'autres termes, pour posséder un Capital.

Mais, dans les divers cas que je viens d'énumérer, augmente-t-il le Capital qu'il possédait déjà, quels que soient les moyens qu'il emploie pour en tirer parti, et par conséquent pour s'enrichir, s'il donne une bonne direction à ses affaires?

La Lettre de change qu'un banquier escompte n'est pas un Capital : ce n'est qu'une feuille de papier promettant de payer, à une échéance fixée, une dette reconnue.

Le prêt qu'il peut faire de ses billets ne constitue pas un Capital : c'est seulement une promesse de paiement.

Les valeurs qu'il peut acquérir, ou qu'il met quelqu'autre personne à même d'acquérir, ne deviennent pas nécessairement d'un prix plus élevé par suite de cette acquisition ; il n'y a pas là non plus augmentation de Capital.

Examinez la question sous toutes les faces que vous voudrez, je suis sûr que vous finirez par arriver à cette conclusion, qu'aucune émission de billets de banque ne constitue un accroissement de Capital, bien qu'il en résulte, comme de tant d'autres opérations de Banque, de grandes facilités pour le transfert du Capital, et par suite une grande économie et de grands avantages.

Qu'on me permette de citer ici, à l'appui de ma

propre opinion, un passage de l'ouvrage de Mac-Culloch, auquel je me suis déjà reporté :

« Quoique la Banque favorise incontestablement la centralisation et la répartition du Capital, il ne faut pas supposer, comme on l'a fait souvent, qu'elle a une influence directe sur sa production. L'industrie et l'économie y contribuent seules ; la première en créant les objets de consommation, et la seconde en modérant leur usage en vue de l'avenir. »

Le crédit n'est pas autre chose qu'un transfert d'argent ou d'autres valeurs des mains de certains individus appelés prêteurs à d'autres nommés emprunteurs, transfert qu'a grandement facilité l'établissement des Banques. Et comme on ne peut raisonnablement douter que, dans la majorité des cas, ceux qui empruntent ne trouvent le moyen d'employer le Capital plus utilement que ceux qui le prêtent, c'est de son transfert des uns aux autres que résulte, autant que les présomptions peuvent se réaliser, un avantage public. Mais c'est là toute l'influence bienfaisante de ce qu'on appelle le Crédit, et s'il arrive que celui-ci, comme on l'a vu trop souvent, mette le Capital dans les poches de fripons ou de joueurs, il devient plutôt nuisible. Nous entendons souvent parler d'importantes entreprises conduites à bonne fin par le secours du Credit ; mais de semblables assertions sont tout à fait erronées ; on ne manquera jamais de trouver, en y regardant de près, que c'est par le secours de capitaux empruntés que ces entreprises ont prospéré. Le Crédit est impuissant à produire quoi que ce soit. Il ne désigne, en fait, que la confiance accordée par le prêteur à l'emprunteur. Lui donner le nom de Capital, c'est confondre l'apparence avec la réalité. Il peut transférer de l'argent ou un produit quelconque de A à B ou de C à D ; mais c'est là tout ce qu'il fait ou peut faire. Dire que le Crédit est étendu, c'est tout simplement faire entendre que les capitalistes sont disposés à la confiance à l'égard des emprunteurs ; on désigne une situation opposée quand on dit que le Crédit est restreint.

Avant d'aller plus loin, je voudrais, pour éviter tout malentendu, expliquer ce que j'ai avancé, à savoir qu'une Banque n'ajoute rien au Capital d'un pays en émettant des billets. Si le banquier décide le Public à recevoir ses billets, et à ne pas les présenter immédiatement au remboursement, il peut sans contredit employer à un usage utile une partie de son propre Capital, ou le Capital étranger qu'il a reçu en échange de ses billets, et, de cette façon, il aura réellement en main un Capital nouveau, ou plutôt il sera mis à même de rendre productif un Capital qui ne l'était pas.

Moins il est nécessaire de conserver l'argent pour les besoins d'un pays, plus le Capital productif peut être considérable ; car l'argent est un Capital improductif.

Cette dernière assertion peut paraître contestable ; je vous prierai donc, comme je l'ai fait tout à l'heure, de m'accorder à ce sujet un peu d'attention.

Pour vous développer plus clairement ma pensée, je vous rappellerai comment, dans le principe, l'argent a été livré à l'usage et à la circulation. Nous savons tous que, dans les premiers âges de la Société, les besoins d'argent étaient nuls ou peu s'en faut. Peu à peu, le surplus de la consommation donna naissance aux moyens d'échange, et créa le Capital ; le trafic, ou échange d'une espèce de produits contre une autre,

commença à s'établir; c'est alors que se fit impérieusement sentir la nécessité d'un type déterminé pouvant
servir d'intermédiaire dans ces échanges, et sans lequel
le trafic eût été pénible et onéreux. Quand les produits
commencèrent à être vendus, ou échangés contre de
l'argent, si le vendeur, une fois pourvu de fonds par
cette vente, s'en dessaisissait immédiatement par une
transaction, il se retrouvait comme auparavant sans argent, tout en étant d'ailleurs largement approvisionné.
Aussi, pour éviter à l'avenir cet inconvénient, et faciliter
les opérations du commerce, on songea à mettre en
réserve une certaine quantité de numéraire, ou même,
pour plus de sûreté, à la déposer chez un banquier;
mais cette réserve, soit qu'elle reste entre les mains de
son possesseur, soit qu'on la confie à un banquier, aussi
longtemps qu'elle demeure sous la forme d'espèces, et
quelle que soit son importance, ne produit absolument
rien. Maintenant, si je suis parvenu à me faire bien
comprendre, vous reconnaîtrez avec moi, je pense, que
l'or et l'argent, sous forme d'espèces monnayées, sont
un capital improductif, et que moins il en existe sous
cette forme, plus le Capital d'un pays peut être avanta-
geusement employé. Je dis avec intention « peut être »,
car je serais très-fâché qu'on me supposât l'intention
de diminuer l'importance qu'il y a pour une contrée à
être abondamment pourvue de numéraire, si improductif qu'il soit. Sans chercher non plus à déprécier
les avantages que procure la vulgarisation des opérations de Banque (en tant qu'elles sont d'accord avec les
principes du Crédit), j'ai la conviction que ce serait en
payer trop chèrement les services que d'accorder au
Crédit une latitude illimitée, soit par une émission de

billets qui ne seraient pas nécessairement remboursables à présentation et en or, soit par tout autre expédient de banque destiné à remplacer l'or, qui seul a une valeur incontestée dans toutes les parties du Globe. Je tiens cependant à être d'accord avec le principe de diminuer autant que possible, le Capital inactif et improductif, les banques existant pour aider le commerce, et distribuer rapidement le Capital, au grand avantage de toutes les classes de la Société.

Et maintenant que nous nous sommes arrêtés, un peu plus que de raison peut-être, sur ce qui échappe à l'action du banquier, nous allons passer à l'examen de ce qu'il peut faire, au point de vue de l'économie et de l'utilité qui doivent résulter de son concours.

Le principal objet de la Banque, d'après les habitudes de notre pays tout au moins, est de contribuer à réaliser une économie de capitaux, et de faciliter les transactions qui se font journellement de la main à la main. Il ne faut pas supposer que la Banque n'est utile qu'à la classe la plus riche de la Société, et à ceux-là seulement qui ont le plus souvent et en plus grande quantité des fonds à leur disposition. Il n'y a pas ici un homme, si pauvre qu'il puisse être, qui ne soit intéressé dans cette question; pas un commerçant qui ne soit mis à même de conduire ses affaires avec plus d'économie, et de se contenter d'un bénéfice moindre, mais plus assuré, par suite des facilités qu'il rencontre dans la Banque, pour se procurer les matières premières que son travail doit transformer en objets de consommation générale. Le marchand de bestiaux, de laine, de charbon, de bois, etc., etc., trouve dans la Banque des secours soit directs soit indirects pour son commerce.

Grâce à elle, le plus pauvre est mis à même de se procurer économiquement et sans peine, quoique d'une façon un peu plus détournée en apparence, les articles qu'il a besoin d'acquérir. Si cette vérité n'est pas évidente pour tous ceux auxquels je m'adresse, qu'ils songent à la perturbation qui se produirait dans nos transactions si nous étions réduits au système de trafic pratiqué par nos ancêtres, qui échangeaient directement leurs produits les uns contre les autres, ou seulement à un système qui supprimerait le Crédit, et nous obligerait à payer comptant tous les objets nécessaires à nos besoins de chaque jour.

Quelque général qu'ait été l'usage de la Banque, comme branche de commerce, dans les temps anciens, je ne crois pas qu'elle ait fait l'objet d'un trafic spécial avant le commencement du siècle dernier. Il est vrai que la Banque d'Angleterre commença ses opératious en vertu d'un décret du roi Guillaume III, en 1694 ; mais elle fut surtout affectée, à son origine et plusieurs années après, au service du Gouvernement. Ce n'est que vers le milieu du dernier siècle, il y a environ cent ans, qu'elle commença à remplir le rôle si important, qui est actuellement le sien, de faciliter les transactions de tout genre dans le pays.

Je ne crois pas pouvoir mieux vous éclairer sur les usages et l'utilité de la Banque qu'en vous exposant ce qui se passe dans le plus vaste établissement de banque du Royaume, et en vous faisant observer que ce qui a lieu chaque jour à la Banque d'Angleterre n'est que le résultat des opérations qui se font, sur une petite échelle, dans chaque ville et pour ainsi dire dans chaque village.

L'accroissement des affaires de ce genre s'affirme hautement par ce fait qu'en l'année 1750, (c'est, je crois, celle dont j'ai pris note) le chiffre moyen des encaissements opérés chaque jour par la Banque d'Angleterre (Département des affaires de banque), était d'environ 180,000 livres, et qu'en 1857 je trouve, pour le même Département, un chiffre moyen de 3,500,000 livres. Il n'y a pas lieu de douter que les affaires de banque n'aient pris, dans tout le pays, un accroissement proportionnel.

Je dois maintenant essayer de décrire la nature des opérations auxquelles se livre la Banque d'Angleterre.

Ces opérations peuvent se répartir en trois groupes distincts, dont chacun pourrait même être subdivisé encore; mais je les considère comme formant trois grands Départements :

1° Administration de la Dette Publique;

2° Émission des Billets ;

3° Affaires de Banque proprement dites.

J'espère ne pas vous fatiguer en vous présentant le détail de ces trois sortes d'opérations.

1° Administration de la Dette Publique.

Personne ne consentirait à prêter de l'argent à l'État sans une garantie sérieuse de remboursement à époque fixe, ou sans la facilité donnée au prêteur de transférer librement son obligation à quiconque voudra l'acheter, qu'il s'agisse du capital ou des intérêts, ou des deux à la fois, et de rentrer ainsi plus ou moins dans son argent suivant le cours auquel se trouve cotée, à l'époque où il désire réaliser, la promesse de paiement de l'État. Aussi, dans tous les emprunts qu'il a contractés, le Gouvernement a-t-il toujours accordé aux prêteurs, ou, pour employer un terme plus général, aux Preneurs de Rentes, des facilités de ce genre. C'est également une condition imposée à chaque emprunt, dans ce pays, que les Rentes puissent toujours être transférées, et que les dividendes ou intérêts en soient payés, chaque semestre, à la Banque d'Angleterre. C'est assurément cette dernière clause qui a fait de tout temps rechercher les placements en Rentes sur l'État. Je ne prétends pas dire qu'on doive en rapporter tout le mérite à la Banque d'Angleterre; si cet établissement n'eût pas existé, l'État aurait sans doute imaginé quelque combinaison analogue, sous peine de ne pouvoir emprunter à des conditions aussi favorables. Je n'en crois pas moins pouvoir vous démontrer ici que le rôle de la Banque n'est pas, en ce qui concerne ce service, d'une médiocre importance.

Le total de la Dette Publique est de £ 735,000 (1). Ce chiffre est subdivisé en un nombre infini de comptes, avec cette seule restriction qu'aucun ne peut avoir une valeur inférieure à un penny. Cette réserve admise, toute personne dont le nom a figuré une fois sur les livres de la Banque, peut vendre tout ou partie de ses titres, en tout temps, sauf quelques jours avant le paiement des intérêts, et les faire transférer presque immédiatement par la Banque, sans frais pour le vendeur ou pour l'acheteur, à autant de personnes qu'elle voudra, par l'entremise d'un Agent de change. L'intervention de celui-ci ne sert qu'à augmenter la sécurité de la Banque et de la personne dont il est le représen-

(1) 1865-66. Cette note et les suivantes se rapportent toutes à l'année 1866.

tant, en un mot, à prévenir la fraude. Il y avait environ, la dernière fois que je me suis renseigné à cet égard, 270,000 (1) comptes dont on paie l'intérêt semestriel ; mais si un plus grand nombre de capitalistes désirait employer des fonds à un placement de ce genre, rien n'empêcherait que la division des titres de rente ne devînt dix fois plus considérable.

Quel que soit le chiffre des comptes, la Banque est tenue de les tenir, sans augmentation de frais pour l'État.

Pour chaque compte, et à chaque paiement semestriel des intérêts, il est délivré un mandat à ordre, appelé Warrant, dont il faut déduire le montant de l'Income-Tax, que la Banque paie également tous les six mois en bloc au Gouvernement.

Les intérêts sont payés à présentation, deux jours après leur échéance nominale. Ces deux jours sont réservés à la délivrance des Warrants, pour lesquels les Porteurs de Rente ont donné des procurations à leurs banquiers ou à leurs représentants à Londres ; sur 270,000 comptes, les intérêts de près de 180,000 sont perçus de cette manière (2). Le jour même où ils ont fait cet encaissement à la Banque, les banquiers ou autres agents en avisent leurs clients par le courrier du soir. De cette façon, tous les rentiers de la Grande-Bretagne peuvent ou toucher eux-mêmes les arrérages de leurs rentes, ou recevoir l'avis que leur banquier les a touchés, et les en a crédités, ou leur a donné telle autre destination à leur convenance.

(1) Leur nombre actuel est de 250,000, les annuités à long terme étant expirées.

(2) Des 250,000 comptes qui existent actuellement, 165,000 font toucher leurs dividendes par des Banquiers ou autres personnes.

Je crois qu'il serait difficile d'imaginer une combinaison qui donnât plus de facilités que la Banque tant pour l'encaissement des arrérages que pour le transfert des Rentes. Ajoutons que chaque titre est délivré sous la responsabilité de la Banque; et lors même que le transfert eût été opéré à l'aide d'une fausse procuration, aucune contestation ne pourrait s'élever sur la légitimité des droits du porteur, une fois que le titre aurait été immatriculé à son nom. Quand je vous aurai dit en outre qu'il est extrêmement rare que dans le cours d'une année, et parmi tant d'employés, une seule erreur d'un penny soit commise, à l'occasion des paiements ou des transferts, vous reconnaîtrez sans difficulté, je l'espère, que les affaires sont sagement dirigées dans l'Établissement dont je m'occupe.

Pour l'ensemble de ce service, la Banque perçoit du Gouvernement un droit fixe qui, tout considérable qu'il soit, en raison du nombre des transactions qu'elle opère, est de beaucoup inférieur, je n'hésite pas à le dire, à la somme que débourserait l'État s'il se livrait lui-même à ces opérations. La somme payée à la Banque par la Gouvernement pour le service de la Dette Publique est calculée sur le pied de £ 340 par million pour les premiers 600,000,000 de livres, et de £ 300 par million pour le reste. Elle s'élève actuellement à £ 250,000 environ par an (1).

2° Émission des Billets.

La Banque délivre des Billets à quiconque lui apporte de l'or, ou d'autres Billets à échanger.

(1) Le Gouvernement ne paie plus maintenant que £. 300 par million pour les premiers 600,000,000 de livres, et £. 150 par million pour le reste; total : environ £. 200,000 par an.

Pour l'or non monayé elle donne des Billets à raison de £ 3, 17, 9 par once d'or au titre légal, c'est-à-dire contenant 22 parties d'or pur sur 24, en d'autres termes, pur de tout alliage.

De l'or qu'elle reçoit ainsi en échange de ses Billets la Banque a le droit d'employer £ 14, 000, 000 (1) en placements sur l'État, et de bénéficier des intérêts ; le reste doit être conservé dans ses caves pour faire face aux besoins qui peuvent se produire.

Je dois faire observer que la Banque peut, si elle le préfère, remplacer cette réserve en or par une somme en argent, égale au quart de l'encaisse métallique.

Dix millions de Billets environ ont été émis l'année dernière ; j'entends dix millions de feuilles séparées, dont chacune est imprimée dans l'intérieur de la Banque ; le papier seul est de fabrication étrangère.

Ces Billets sont généralement délivrés aux banquiers pour des sommes considérables, et le plus souvent par paquets de 500. Quand je vous aurai dit que tous les Billets sont entrés séparément, au moment de leur émission, sur un livre destiné à cet usage, et qu'ils sont ensuite répartis dans toute la Banque pour les échanges ou les paiements, par paquets de toute nature et de toute valeur, que chaque Billet qui rentre, eût-il circulé un jour ou vingt années, est immédiatement reporté à son registre et à sa place, qu'enfin tous les livres sont journellement balancés, de sorte que la Banque sait exactement, avant la clôture des travaux de la journée, le montant exact des Billets à rem-

(1) La Banque emploie actuellement £. 15,000,000 en placements sur l'État.

bourser, vous admettrez, je crois, que l'organisation de ce Département n'a rien de défectueux.

Je dois ajouter que les Billets de la Banque d'Angleterre ne sont jamais mis qu'une seule fois en circulation. A mesure qu'ils rentrent, ils sont mis de côté et conservés un certain nombre d'années, dix ans je crois (1), puis brûlés. La totalité n'est pas détruite en une seule fois, mais à différentes reprises, et en quantités proportionnées à l'émission.

Le profit que retire la Banque de ce service est d'environ £ 100,000 (2), c'est-à-dire que quand elle a payé au Gouvernement £ 120,000 pour son privilége d'émission, £ 68,000 pour droits de timbre, et £ 170,000 pour appointements ou pensions, il lui reste à peu près £ 100,000 de bénéfice sur les transactions qui se rattachent au Département de l'Émission.

3° Affaires de Banque proprement dites.

Ce Département est peut-être le plus important de tous, en ce qu'il comprend tous les comptes de l'État, aux lieu et place duquel la Banque perçoit la totalité des revenus de la Nation ; il comprend aussi les comptes d'un grand nombre d'établissements publics, particuliers, industriels et autres.

C'est ici que les avantages économiques que procure la Banque peuvent être le mieux appréciés.

Tous les revenus du Gouvernement, produits des douanes, de l'excise, des postes, des taxes, du timbre, etc.,

____

(1) Les Billets annulés sont actuellement conservés pendant sept ans seulement.

(2) Le bénéfice de la Banque est maintenant inférieur à £. 100 000 ; elle a à payer £. 135,078 pour son privilége d'émission, £. 60,000 pour droits de timbre, et £. 175,000 pour appointements, pensions et autres charges.

qu'ils proviennent de Londres , du comté de Cornouailles, des Hébrides ou du comté de Galway, sont immédiatement versés à la Banque d'Angleterre, et y sont tenus à la disposition de l'État pour ses besoins journaliers.

Pour tous ces transferts de fonds, c'est à peine si l'on fait usage d'un Souverain; tout s'effectue au moyen de simples opérations de Banque. Je suppose que le Receveur du Gouvernement ait besoin d'envoyer £ 50,000 de Liverpool à Londres, et que, le même jour, un particulier veuille adresser la même somme de Londres à Liverpool par l'entremise de la Banque d'Angleterre, ou de toute autre Banque; une simple écriture passée sur les livres, et un avis expédié par la poste suffisent aux deux transactions.

Le revenu de l'État est versé dans les caisses de la Banque d'Angleterre dans la proportion d'environ £ 1,000,000 par semaine, et cela en temps ordinaire; une partie considérable de cette somme est consacrée au paiement des intérêts de la dette de l'État.

A chaque échéance, la Banque paie au public de cinq à six millions sterling; mais c'est à peine si l'on peut constater une différence appréciable dans l'abondance ou la rareté du numéraire, avant et après le paiement d'une aussi forte somme, tant l'action de la Banque sait rendre faciles et pour ainsi dire insensibles ces immenses mouvements de fonds. Et de l'ensemble de ce service la Banque ne retire d'autre avantage que celui qui résulte pour elle de l'emploi commercial qu'elle peut faire des fonds de l'État, qui varient de zéro, le lendemain du paiement des intérêts au total de la somme représentée par ces intérêts et accumulés en dépôt à la fin du trimestre. Si la provision est insuffisante, la Banque est tenue d'avancer la différence, qui lui est remboursée sur les plus prochaines rentrées.

Les observations qui précèdent ne s'appliquent pas exclusivement au service public; les avantages et le profit nous frappent également, si nous considérons les affaires privées. Ainsi, les opérations de Banque de tout genre se font journellement pour les Comptes-Courants; leurs placements peuvent être effectués par la Banque, qui se charge de toucher leurs arrérages, et en crédite leur compte; elle répond de tout objet précieux qu'ils veulent y mettre en garde; elle reçoit en dépôt leur argent et autres valeurs aux mêmes conditions que n'importe quel établissement particulier, et offre les mêmes facilités pour la recette ou le paiement, de quelque manière qu'on doive les effectuer. Qu'un versement important soit à faire au crédit d'une Compagnie de chemin de fer, que de forts paiements à l'étranger nécessitent un mouvement considérable de numéraire; grâce au mécanisme du système qui existe, ces transactions s'effectuent sans apporter le moindre trouble au commerce ordinaire du pays, ou, du moins, s'il en résulte quelques dérangements ou inconvénients, il n'y a pas de doute qu'un système de banque aussi bien entendu ne doive en atténuer sensiblement l'effet.

Je ne me suis encore occupé que des affaires et des opérations faites par la Banque d'Angleterre; mais les mêmes observations peuvent s'appliquer aux transactions particulières des autres établissements de banque de Londres; ces transactions sont, dans leur ensemble, beaucoup plus considérables que celles de la Banque

d'Angleterre. Le total moyen des Dépôts de tout genre,
à la Banque d'Angleterre, excède rarement 20 millions
de livres. Le montant des Dépôts, seulement pour les
banques par actions établies à Londres, paraît dépasser,
d'après le dernier compte-rendu général, 44 millions de
livres. Outre ces banques par actions, il existe à Londres
environ cinquante maisons de banque particulières, qui
font pour la plupart un chiffre considérable d'affaires.

Je ne sais rien qui puisse mieux démontrer l'importance des opérations de banque à Londres que l'institution du Comptoir Général de Virements.

Pour ceux qui ne sont pas familiarisés avec la nature
d'opérations qu'on y traite, je dirai rapidement que c'est
un vaste établissement où presque tous les banquiers de
Londres envoient, chaque jour, un employé, porteur
de toutes les lettres de change et de tous les chèques qui
leur ont été négociés par leurs clients sur les diverses
banques de Londres. Ces pièces sont réunies et portées
à leurs comptes respectifs. Il se fait, au Comptoir de
Virements, un mutuel échange de ces mandats et de ces
chèques, et, au lieu que chaque banquier soit obligé de
faire les fonds pour acquitter ce papier qui aurait été
successivement présenté à sa caisse, il n'a qu'à pourvoir,
en fin de journée, au solde dont il reste débiteur, après
répartition faite, au moyen des virements, des sommes
dues à chacun.

Tel est le système du Comptoir de Virements ; grâce
à lui, d'après une publication de M. Babbage, un rè-
glement de comptes s'élevant pour une seule année,
(1839) à £ 954,000,000, a été liquidé par un paiement
effectif de £ 66,275,000 en billets de banque, soit
7 % de la somme qui eût été nécessaire sans le secours

de cette institution. La même économie se produisit pour l'année 1856. Cette année-là, une amélioration importante fut introduite dans l'organisation du Comptoir de Virements : on décida de solder toutes les balances quotidiennes de banquier à banquier par des chèques sur la Banque d'Angleterre, ce qui fut pratiqué avec une telle régularité qu'en 1857 les règlements de comptes s'élevant à £ 130,000,000 par jour (soit en adoptant les données fournies pour l'année 1839 par M. Babbage, à une somme totale de £ 1,900,000,000 pour 1857), cette somme fut payée sans qu'on fît usage d'un seul billet de banque ou d'un seul souverain.

Actuellement, le système du Comptoir de Virements à Londres n'est que l'image et la reproduction en grand de ce qui se fait journellement en détail dans toutes les parties de l'Angleterre, de l'Écosse et de l'Irlande. Les affaires courantes d'un banquier, à la campagne comme à la ville, ne sont, sous quelque forme qu'elles se présentent, qu'un perpétuel virement ou échange soit d'argent soit de crédit.

Figurez-vous un homme poussant une brouette pleine de sacs d'or ou d'argent chez une autre personne qui lui aurait vendu des terres, ou toute autre valeur, et cette personne envoyant à son tour cet or, en masse ou par petites sommes, à ses propres créanciers : tel est le rôle qu'ont à jouer les banquiers, aussi bien à Peterborough que dans toutes les villes de la Grande-Bretagne. En quelque partie du Royaume qu'un paiement doive être effectué, tout banquier s'en charge comme d'une opération se rattachant à ses affaires, et l'opère à très-peu de frais, au moyen d'une simple écriture, et, comme je l'ai dit plus haut, d'une ou deux lettres jetées à la poste.

C'est le plus souvent sous forme de dépôts que les fonds sont confiés anx maisons de banque.

Ces fonds, bien que toujours à la disposition du déposant qui est libre de les retirer, quand il le désire, n'en sont pas moins complétement à la disposition du banquier, tant qu'ils restent dans sa caisse; tout le profit que celui-ci peut en tirer lui est acquis de droit, et c'est là pour le pays un bénéfice évident, en admettant du moins que ces sommes fussent demeurées inactives entre les mains du capitaliste. Un particulier, possesseur de terres, ou propriétaire d'immeubles, qui a des revenus à toucher en plusieurs endroits différents, centralise ses fonds chez son banquier, à mesure qu'il en opère la rentrée, pour ne les retirer qu'au fur et à mesure de ses besoins : cependant le banquier en peut faire l'usage qui lui convient, à la condition de ne pas les compromettre. Cette opération d'un seul individu, reproduite sur une plus vaste échelle, forme un capital qui cesse ainsi d'être improductif, et constitue un des avantages économiques les plus importants que doive le Pays au développement de notre système de banque, système qui pourrait se développer encore, au profit de la Société en général.

Les affaires d'un banquier de Londres ou de province, d'une banque particulière ou d'une banque par actions, sont au fond toujours les mêmes. Les uns et les autres ont les plus grandes précautions à prendre pour le placement des capitaux qui leur sont confiés, et qui doivent être remboursés à la première réquisition, sans autre avis du déposant. Ceci s'applique particulièrement aux banquiers qui donnent un intérêt de l'argent déposé chez eux. En effet, on a lieu de supposer que personne, surtout le commerçant qui a besoin de tout son capital, ne laissera entre les mains d'un banquier qui ne sert pas d'intérêt rien au delà de ce qui est nécessaire aux besoins de son commerce, ou de ce qu'il regarde comme dû au banquier en échange de ses services. Au contraire, une banque qui tient compte d'un intérêt peut recevoir, et reçoit fréquemment des dépôts importants de personnes qui, sans avoir l'intention de les lui laisser d'une manière permanente, sont bien aises d'en retirer un intérêt quelconque, jusqu'à ce qu'une occasion favorable de placement se présente : or, cette occasion peut naître très-soudainement, et à un moment où, si la banque n'a pas opéré ses placements avec la plus grande précaution, il peut lui être très-difficile de réaliser sans perte.

Il ne faut jamais oublier que le principe d'une banque, c'est-à-dire l'économie dans l'usage de l'or et de l'argent, est incompatible avec la possibilité de convertir immédiatement en espèces toutes les valeurs placées. On n'arriverait à ce résultat que par une réserve considérable de capitaux inactifs, et nous avons démontré que le plus grand avantage des opérations de banque est justement d'en épargner la nécessité.

On s'est livré à différents calculs, on a fait de nombreuses évaluations pour se rendre compte de la somme de capitaux existant dans le Pays. Il est très-facile de connaître le chiffre du papier-monnaie, je veux dire des billets de banque. Je crois que le premier Janvier dernier, il était constaté par la rentrée des billets que la somme totale de banknotes de tous types en circulation en Angleterre, en Ecosse et en Irlande était, à cette date, de £ 35,500,000 (1) ; mais il n'est pas aussi facile d'obtenir le chiffre, même approximatif, de l'or.

Le dernier Gouverneur de la Banque déclarait, devant une Commission de la Chambre des Communes, que, dans son opinion, le montant de l'or monnayé devait être de 40 à 50 millions de livres sterling.

M. Miller, qui occupe une position importante à la Banque d'Angleterre et qui s'est très-sérieusement occupé de cette matière, pense qu'il n'y a pas moins de 80 millions de livres en or, et environ 12 millions en argent. Pour moi, bien que j'avoue ne pouvoir former mon opinion que d'après des données peu satisfaisantes, je crois que ces deux messieurs sont dans l'erreur, mais que le chiffre réel, quoiqu'un peu inférieur à celui de M. Miller, se rapproche beaucoup plus de son évaluation que de celle de M. Weguelin.

Au reste, quel que soit le total vrai, je suis convaincu que, sans le secours de la banque, il faudrait au moins le double de numéraire pour faire face aux besoins du Pays ; j'irai même plus loin : je suis très-persuadé que, sans l'aide des opérations de banque, le commerce et la prospérité générale n'auraient jamais atteint les proportions gigantesques auxquelles ils sont parvenus.

Il est un point que je ne puis négliger ; car il est de la plus haute importance dans toutes les affaires de banque : je veux parler de la moralité. Cette qualité si

(1) 30 Juin 1866 :

Banque d'Angleterre.	£.	24,800,000
Autres Banques . .	£.	14,687,000
Total :	£.	39,487,000

nécessaire dans tous les actes de la vie ne peut être représentée par aucune valeur matérielle ; mais elle n'en doit pas moins compter pour beaucoup dans la direction de la banque en ce pays, et, je l'espère, dans toutes les contrées du monde.

Comme c'est une qualité que tout homme peut posséder, pour peu qu'il le veuille sérieusement, je crois qu'il n'est pas inopportun d'en parler dans la discussion qui nous occupe. Nous sommes tous condamnés, en ce monde, à gagner notre pain à la sueur de notre front : or je ne connais aucun genre d'affaires, aucunes fonctions où les grandes qualités morales et religieuses puissent se faire mieux apprécier, et porter des fruits meilleurs, dans notre voyage à travers la vie, que dans les opérations de banque. Que je rencontre un homme s'efforçant d'employer toutes ses facultés et toute son énergie pour accomplir le mieux possible ses devoirs dans la condition où il a plu à Dieu de le placer, convaincu qu'on ne peut prospérer dans la vie qu'en s'appuyant sur de solides principes religieux, et assez fort pour qu'aucune tentation ne puisse le faire dévier du droit chemin ; je préférerai beaucoup m'adresser à cet homme, comme banquier ou correspondant pour des affaires d'intérêt, qu'à un autre qui disposerait de ressources plus considérables, mais les aurait acquises par des moyens moins honnêtes, tout en conservant les dehors de la délicatesse et de la probité.

L'honnêteté a été considérée par un grand nombre d'économistes comme ayant au moins une valeur égale à l'industrie et au crédit, et nous-mêmes, qui sommes familiarisés avec les transactions commerciales, nous avons pu apprécier quelle est sa supériorité sur toutes les autres qualités qui peuvent distinguer l'homme d'affaires.

Ce vieil adage : « la probité est la meilleure des politiques, » devrait être inscrit en évidence dans toutes les maisons de banque, et surtout gravé dans l'esprit de ceux qui désirent obtenir la confiance des capitalistes.

Je me borne à parler de l'honnêteté sous le rapport des intérêts matériels ; car il n'y a pas lieu d'envisager ici la question à un point de vue plus élevé.

Si je suis parvenu à vous faire suffisamment comprendre combien les opérations de banque ont été fécondes en avantages économiques pour le Pays, vous voudrez bien, je l'espère, me pardonner les détails arides dans lesquels j'ai été obligé d'entrer. Vous reconnaîtrez également que ce sujet n'est pas dénué d'intérêt pour nous tous, et qu'il méritait bien qu'on lui consacrât dans cette salle une heure d'attention.

La Conférence qu'on vient de lire donne un aperçu rapide des procédés généraux de la Banque d'Angleterre ; mon intention, en prenant celle-ci pour exemple, a été de faire ressortir les avantages et l'économie qui résultent d'un système de banque bien organisé.

Depuis l'époque à laquelle a été faite cette Conférence, j'ai été souvent prié par plusieurs de mes amis qu'intéressait le cours des fonds publics, de faire imprimer un compte-rendu de la manière dont les affaires sont conduites à la Banque d'Angleterre.

Dans plusieurs contrées de l'Europe l'attention des gouvernements, et par conséquent des hommes d'État, s'est portée vers ce sujet, et la connaissance de l'action qu'exerce la Banque d'Angleterre dans ses diverses attributions est recherchée par les autres Établissements du même genre comme un secours destiné à perfectionner leurs systèmes respectifs.

Tels sont les motifs qui m'ont décidé à jeter sur le papier quelques remarques exclusivement relatives à la Banque d'Angleterre, et démontrant de quelle manière ses opérations spéciales se rattachent à l'ensemble de son administration, comment enfin le détail des affaires y est dirigé.

Cette matière est, il est vrai, d'une nature très-abstraite, mais je pourrai donner ici beaucoup plus d'explications que n'en comportait la Conférence qu'on vient de lire. Ces observations n'en sont d'ailleurs que le développement, et, lors même qu'elles n'auraient pas d'autre utilité, je suis porté à croire qu'elles doivent prendre place parmi les documents qui traitent de la banque en général, et qu'on peut les considérer comme donnant une idée assez juste des affaires de la Banque d'Angleterre au commencement de l'année 1860.

La Banque d'Angleterre fut fondée en 1694 ; une charte royale, octroyée par Guillaume III, le 27 Juillet de la même année, lui assurait certains priviléges et immunités. Pendant les cent cinquante années qui suivirent, ses opérations prirent progressivement une extension considérable.

Il est inutile de rappeler les divers Actes du Parlement qui ont rapport à sa constitution, et j'arrive tout de suite à l'Acte si célèbre de 1844, qui régit les opérations de banque du Pays tout entier, et qui formule les dispositions auxquelles la Banque d'Angleterre est actuellement soumise.

Avant cette époque, la Banque d'Angleterre, ainsi que tout banquier particulier, n'ayant pas plus de six associés, pouvait émettre des billets sans aucune restriction, de sorte que la promesse de paiement exprimée par le billet n'avait d'autres garanties que la bonne volonté de ceux qui l'émettaient, et leur possibilité de remplir les engagements pris vis-à-vis des Porteurs.

L'Acte de 1844 interdit pour l'avenir la création de nouvelles banques d'émission, banques par actions ou banques particulières, et limita à un chiffre déterminé les émissions de celles qui existaient déjà.

Nous n'avons pas à entrer ici dans le détail des dispositions de cet Acte; il nous suffit de rappeler celles qui touchent plus particulièrement à la constitution de la Banque :

1° Celles qui ont créé le Département de l'Émission, et l'ont expressément séparé de la section des affaires de banque.

2° Celles qui limitent l'émission des billets à la somme que la Banque peut conserver en numéraire (l'argent pouvant y figurer pour le quart) en outre d'une somme de £ 14,000,000 (1) représentée par des placements, parmi lesquels compte la dette du public envers la Banque.

3° Celles qui imposent à la Banque l'obligation d'acquérir à un taux déterminé tout l'or qui lui est offert;

______

(1) Actuellement £. 15,000,000.

en d'autres termes, de l'échanger à ce même taux contre ses billets, en si grande quantité que ce soit.

Par ces mesures, l'Acte fait de l'or la base assurée de la circulation dans le Pays, puisque l'agent intermédiaire qui le représente se dilate ou se resserre suivant que l'or est plus commun ou plus rare ; de plus, il garantit de la sorte le remboursement des billets. Celui-ci est assuré par la constitution même du Département de l'Émission, qui reconnaît à tout porteur de billets le droit de les échanger à présentation contre du numéraire ; en outre, la publication hebdomadaire des comptes démontre jusqu'à l'évidence, et sous la forme la plus intelligible, que le montant de l'émission est entièrement représenté par les valeurs métalliques que possède la Banque, et par les £ 14,000,000 (1) dont elle a fait le placement.

La Banque paie au Gouvernement pour son privilége d'émission, et pour exempter ses billets de tout droit, une somme de £ 180,000 (2) par an.

Elle ne tire cependant de ses émissions aucun profit en dehors de l'intérêt dés £ 14,000,000 (3). Au contraire, son seul bénéfice consistant dans l'intérêt de cette somme, qu'il faut diminuer du droit payé annuellement à l'État et des frais qu'entraînent la fabrication et la nécessité de maintenir en circulation le chiffre total de l'émission, il est évident que le prix de chaque billet émis, en mettant de côté les 14,000,000 de livres (4), est une charge supportée directement par la Banque dans l'intérêt public.

(1) Actuellement £. 15,000,000.
(2)   «   £. 195,078.
(3)   «   £. 15,000,000.
(4)   «   £. 15,000,000.

La Banque agit aussi comme banquier de l'État, et est chargée d'administrer la dette du Pays. Elle reçoit une rémunération pour ce dernier service.

Enfin, elle fait des opérations pour son propre compte, et prend part, sur une vaste échelle, aux affaires des banquiers de Londres.

Dans les chapitres qui suivent, j'expliquerai avec quelque détail comment les trois Départements dont se compose la Banque fonctionnent séparément, et se résument dans une action d'ensemble.

Dans ce but, nous adopterons l'ordre suivant :

1° Administration de la Dette Publique.

2° Émission des Billets.

3° Affaires de banque.

DETTE PUBLIQUE

1° ADMINISTRATION DE LA DETTE PUBLIQUE.

Bureaux de la Rente. — La manière dont la Banque intervient dans l'administration de la Dette Publique est expliquée dans les Actes émanés du Parlement, toutes les fois que des Emprunts ont été contractés par l'État.

Chacun de ces Actes contient une clause spéciale d'après laquelle, aussi longtemps qu'existera la Compagnie de la Banque d'Angleterre, celle-ci devra conserver les livres où sont inscrits les noms de tous les porteurs de rente.

Dans le principe, ces inscriptions sont limitées aux souscripteurs de l'Emprunt : leurs noms sont adressés au Caissier Principal, qui reçoit les versements, et délivre des certificats pour les sommes versées ; ces certificats énoncent le nom, le domicile et la qualité des souscripteurs. Ils sont ensuite transmis aux bureaux de la rente, où sont passées les écritures ; la Banque inscrit le nom et la somme au Journal, puis au Grand-Livre, et désormais le certificat, devenu titre de rente, peut être transféré suivant les convenances de son propriétaire.

La conversion du certificat provisoire en titre de rente définitif ne demande qu'un seul jour. Le montant des entrées au Grand-Livre doit naturellement correspondre au total de l'Emprunt.

Quand les comptes de tous les souscripteurs ont été portés au Grand-Livre, et que les rentiers sont mis à même de vendre, selon les demandes qui peuvent se présenter, toutes les transactions ultérieures se font sans l'intervention directe de la Banque.

Celle-ci, par cela même qu'elle a la direction ou la surveillance de la Dette Publique, n'achète ni ne vend de rentes, bien qu'elle puisse, comme les banquiers, user du droit d'achat et de vente commun à tous les rentiers.

L'achat et la vente de la rente s'opèrent principalement par l'entremise des Agents de change.

Une personne désire acheter 1,000 livres de rente, dite 3 % consolidé : elle en charge son Agent de change, lequel s'adresse à un Courtier. Le prix une fois convenu, l'Agent envoie à la Banque une feuille de transfert, c'est-à-dire une demande de transférer une certaine quantité de rente de A, le vendeur, à B l'acheteur. Un des employés de la Banque, chargé de suivre les mouvements de tous les comptes de rente qui commencent par la lettre A, se reporte au Grand-Livre, pour s'assurer qu'au compte de A est inscrit un chiffre de rente suffisant, puis de la feuille de transfert laissé par l'Agent transporte sur un livre appelé « Livre de Transferts » (et qui se compose de formules de transferts en blanc, imprimées dans la forme prescrite par les Actes du Parlement), le nom auquel la rente qui appartenait à A doit désormais être inscrite.

Pendant ce temps, l'Agent a préparé une pièce nommée « Reçu de rente, » qui reproduit les détails de l'entrée faite au registre des transferts. Lorsque **A** vient pour opérer son transfert (après avoir préalablement fourni à la Banque les justifications d'identité qu'elle réclame), il signe le livre et donne ainsi décharge à la Banque de la quantité de rente cédée. Le « Reçu de rente » remis à **B**, l'acheteur, sert à la fois comme reconnaissance de la somme payée pour l'achat de rente, et comme certificat constatant que la dite rente est devenue la propriété de **B**.

A partir de ce moment, elle échappe complétement à l'action de A, auquel **B** a été substitué aussitôt que le certificat a été immatriculé à son nom, et celui-ci acquiert à son tour le droit de disposer de sa rente, et de la revendre à C.

Peu importe le nombre d'individus à qui **A** désire transférer sa rente, car si, au lieu d'en vendre la totalité à **B**, il ne lui en cède que la moitié, ou cent livres, ou six pence, la même opération que s'il s'agissait de la totalité a lieu pour chaque fraction de rente.

Chaque transfert est une transmission complète de propriété, et le livre des transferts est disposé de telle sorte qu'il sert en même temps de Journal d'après lequel les entrées sont passées au Grand-Livre.

Si un vendeur de rente n'habite pas à Londres, et ne peut ou ne veut pas opérer lui-même le transfert, il a la facilité de donner une procuration à toute personne pour agir en son nom, moyennant un shilling six pence, et en acquittant un droit de timbre de vingt shillings (1) ; mais si le vendeur désire opérer lui-même

(1) Par un Acte passé en 1860, le droit sur les procurations, qui donnent pouvoir de toucher des intérêts n'excédant pas £. 10 par an, ou de vendre des rentes ne s'élevant pas au-dessus de £. 20, a

son transfert, en quelque nombre de coupures qu'il subdivise sa rente, ces transferts sont faits gratuitement par la Banque, pourvu qu'ils soient opérés pendant les jours réglementaires. Les autres jours, elle perçoit deux shillings six pence pour chaque transfert.

Les feuilles de transfert dont j'ai parlé plus haut et qui sont considérées comme la véritable base de toutes les transactions sur la rente, sont soigneusement conservées par la Banque dans un local spécial, éloigné de celui où se trouvent les Grands-Livres. De cette façon, si ceux-ci venaient à être détruits par accident, les feuilles de transferts, ainsi que les livres où sont inscrits les paiements de l'échéance précédente (et dont copie doit être remise au Gouvernement) permettraient à la Banque de reconstituer de nouveaux Grands-Livres.

Cette opération réclamerait un travail énorme, mais elle est possible, et finirait infailliblement par être couronnée de succès.

Les arrérages de toutes les rentes Anglaises se paient par semestre, soit en Janvier et Juillet, soit en Avril et Octobre.

Environ six semaines avant l'échéance de chaque nature de rente, les livres d'inscription de ces rentes sont fermés en ce qui concerne les transferts, afin qu'on ait le temps de préparer les registres d'arrérages et les mandats de paiement.

Les registres d'arrérages sont préparés de la manière suivante : le nom de chaque rentier est inscrit sur une

___

été réduit à 5 shillings. Un acte postérieur réduit à 5 shillings les procurations qui autorisent à toucher habituellement les intérêts de quelque rente que ce soit, et à 1 shilling les procurations qui ne doivent servir qu'une seule fois.

carte, ainsi que le chiffre de rente qui lui appartient, l'intérêt d'un semestre, la somme à déduire pour l'Income-Tax, et le net à payer après cette déduction faite. Toutes ces indications sont copiées, dans l'ordre alphabétique, sur des feuilles de papier réglé, dont la réunion forme les livres d'arrérages. Les colonnes destinées au montant de la rente, aux intérêts, à l'impôt et au net à payer sont additionnées, et les totaux des différents livres ajoutés les uns aux autres doivent égaler le chiffre de rente dont les arrérages sont dus, ainsi que le montant de ces arrérages eux-mêmes.

Les livres d'arrérages une fois confectionnés et mis d'accord, on prépare les mandats de paiement.

Pour chacun des comptes qui figurent sur les livres d'arrérages, on rédige un mandat énonçant le chiffre de la rente et celui des intérêts à payer ; et quand ces mandats ont été soigneusement pointés avec le livre d'arrérages, et reconnus exacts, les dispositions préparatoires au paiement des intérêts sont complétées.

Service du Dividende. — La veille du jour de l'échéance, les livres d'arrérages et les mandats sont transportés des bureaux du transfert dans le service du Dividende.

Ces livres sont disposés sur des tables par ordre alphabétique, et les mandats sont placés dans des tiroirs disposés au-dessous. Un nombreux personnel est chargé de délivrer les mandats aux rentiers à mesure qu'ils se présentent pour toucher leurs intérêts.

Chaque partie prenante doit indiquer le chiffre de rente qu'elle possède, ainsi que le nom ou les noms sous lesquels cette rente est inscrite. S'il ne se présente rien d'irrégulier, le rentier est invité à signer sur le livre, et à reconnaître ainsi qu'il a reçu les intérêts, puis on lui remet le mandat de paiement. Il le signe également, et, sa signature ayant été certifiée par l'employé chargé de suivre l'opération, le mandat est définitivement délivré, et peut dès lors être regardé comme argent comptant. On peut en effet le remettre à son banquier, ou s'en servir pour un paiement, ou le présenter immédiatement à la caisse de paiement des arrérages, qui est contiguë au bureau du Dividende, et qui en acquitte le montant en billets ou en or, ou partie en billets, partie en or.

Le fonctionnement de la caisse de paiement des arrérages sera exposé avec plus de détails dans le chapitre des affaires de banque, auxquelles elle se rattache plus étroitement.

Bureau des Mandats. — Les mandats ainsi acquittés par la caisse de paiement des arrérages sont remis, jour par jour, au bureau des mandats. Le rôle de celui-ci consiste à faire le total de tous les mandats qui lui sont transmis, et à vérifier si ce total est égal au chiffre de dépense de la caisse. A certains intervalles, les mandats sont classés par ordre numérique, et les sommes qu'ils énoncent, principal et intérêts, sont portées sur des fiches imprimées qui reproduisent le numéro de chaque mandat.

Lorsque la plus forte partie des arrérages a été touchée, les totaux de toutes ces fiches ajoutés les uns aux autres doivent reproduire la somme déjà payée.

Les numéros en face desquels il n'y a rien d'inscrit sont ceux des mandats qui n'ont pas encore été retirés, ou qui, bien que réclamés, n'ont pas été présentés au remboursement.

On se reporte, à l'égard de ces numéros, aux mandats restés dans les tiroirs, et aux livres d'arrérages on indique les sommes, et il est évident que le montant des mandats déjà acquittés, de ceux qui n'ont pas été retirés de la Banque et de ceux qui, réclamés, n'ont pas été présentés au remboursement, est égal à la somme totale des arrérages.

Une fois par an, les mandats de chaque espèce de rente, ainsi qu'une copie des fiches qui s'y rattachent, sont envoyés à la Cour des Comptes, Somerset House, pour établir que telle somme d'intérêts a été payée jusqu'à cette époque sur telle rente. 540,000 (1) mandats environ sont ainsi produits annuellement.

Une copie ou duplicata du livre d'arrérages est également soumise à la même vérification.

Bureau des Procurations. — Le nombre de procurations données pour opérer des transferts ou toucher des intérêts s'élève, dans le courant d'une année, à environ 30,000. Elles émanent d'un bureau spécial.

Le plus grand soin, l'attention la plus minutieuse doivent être apportés à la préparation de ces pièces si importantes ; de même elles sont l'objet de l'examen le plus attentif et le plus scrupuleux lorsqu'elles rentrent à la Banque, après qu'on en a fait usage.

Il ne faut pas perdre de vue que la Banque est responsable des faux qui peuvent se commettre dans le transfert des rentes, et bien que toutes les précautions

(1) Actuellement 510,000 environ.

soient prises pour prévenir l'erreur ou la fraude, il est impossible, à moins de recourir à des mesures restrictives, qui deviendraient une gêne pour le public, d'éviter les erreurs accidentelles, de sorte que non-seulement la Banque court de grands risques, mais encore qu'il lui arrive parfois d'éprouver des pertes importantes.

Bureau d'Enregistrement. — Ce service est intimement lié à celui de la Dette Publique.

On y enregistre tous les testaments et comptes de successions communiqués à la Banque, afin d'établir les droits de chacun aux différents titres de rente inscrits au nom de personnes décédées.

Au bout de trois jours, les pièces sont rendues aux parties qui les ont déposées, ou à leurs fondés de pouvoir, et pendant ce temps les comptes des personnes décédées ont été signalés comme morts, suivant l'expression consacrée, sur les livres de la Banque, partout où figurait leur nom.

Cette opération a lieu chaque année pour plus de quatre mille testaments ou comptes de successions.

Bureau des Dividendes arriérés. — Il arrive quelquefois que, pour différentes causes, des titres de rente et les arrérages qui y sont afférents ne sont pas réclamés. Certains rentiers meurent sans faire de testament, et leurs parents ignorent peut-être qu'ils possédaient de la rente. D'autres quittent l'Angleterre, et n'y reviennent jamais. C'est ainsi qu'un grand nombre de titres se trouvent abandonnés.

Au bout de 10 ans, si aucune réclamation ne s'est

produite, l'usage est de transférer ces rentes aux Commissaires de l'Amortissement de la Dette Publique; mais les intéressés conservent toujours la faculté de faire valoir leurs droits; s'ils peuvent les établir, et s'ils fournissent des justifications suffisantes, la rente dont il s'agit leur est de nouveau transférée par les Commissaires.

Jusqu'à ces derniers temps, les moyens de faire reconnaître des droits de ce genre étaient fort circonscrits; mais depuis un an ou deux le Gouvernement a pris à cet égard une mesure très-louable; le bureau des dividendes non réclamés a été installé à la Banque d'Angleterre, et les frais qu'il occasionne sont supportés par l'État. Les employés de ce service sont chargés de rechercher dans les anciens livres d'arrérages non réclamés tous les comptes sur lesquels il y a chance d'obtenir quelque renseignement; de cette manière, il n'a pas été fait droit à moins de 1,795 (1) réclamations depuis l'établissement de ce service, en Août 1856.

Dépôt annexé aux Bureaux de la Rente. — Ce dépôt renferme, à la Banque d'Angleterre, les anciens Grands-Livres, les registres de transferts et d'arrérages, les procurations et un grand nombre d'autres livres et documents remontant à l'établissement de la Banque en 1694, ainsi que les premières inscriptions des actions de la Banque émises à cette époque, et des divers emprunts du Gouvernement, depuis leurs dates respectives jusqu'à nos jours. Il y a là plus de 100,000 registres ou documents placés sous la surveillance immé-

(1) Le nombre des réclamations auxquelles il a été fait droit depuis 1856 jusqu'à ce jour est de 7,156.

diate d'un Archiviste, et classés dans un ordre si commode qu'on y peut trouver immédiatement quelque renseignement que ce soit. Ils sont tous en parfait état, et leur conservation est de la plus haute importance.

En effet, à l'aide de ces documents, les titres de tous ceux qui à une époque quelconque ont possédé de la rente peuvent être établis avec plus de certitude peut-être qu'aucun autre titre de propriété ; et, s'il le fallait, on pourrait remonter à l'origine de tous les emprunts d'État, depuis les porteurs actuels de rente jusqu'aux premiers souscripteurs, en établissant clairement et pour chaque époque la légitime possession de chacun des rentiers.

Toutefois, ces documents ne peuvent être communiqués qu'aux personnes attachées au service de la rente ; toutes les demandes de renseignements sont inscrites sur un registre et constatées par une signature.

Les registres du dépôt contiennent une très-intéressante et très-précieuse collection d'autographes des personnes les plus marquantes de toutes les époques.

Le service de la Dette Publique occupe habituellement quatre cents employés environ, avec un supplément de cinquante auxiliaires au moment des échéances. Dix salles y sont entièrement consacrées, et plus de 1,700 registres y sont d'un usage continuel.

La Banque reçoit de l'État pour ce service 340 (1) livres par million pour les premiers 600,000,000 de livres, et 300 livres par million pour le reste de la

---

(1) La Banque ne reçoit plus que 300 livres par million pour les premiers 600,000,000 de livres, et 150 livres par million pour le reste. — Ensemble £. 200,000 environ par an.

rente, ce qui produit à peu près 250,000 livres par année.

Il faut avoir l'expérience des affaires pour se rendre bien compte de la somme de travail qu'exigent les opérations que je viens de décrire.

Le nombre des transferts, par exemple, s'élève chaque année à environ 176,000, et, à eux seuls, ils nécessitent 350,000 modifications de comptes, puisque, pour chaque transfert, il faut déduire d'un compte et ajouter à un autre. C'est là un exemple, parmi beaucoup d'autres, du travail qu'entraîne ce service de la Banque. Songez aussi à la formation des livres d'arrérages; il faut accorder tous les comptes, calculer les intérêts, déduire l'impôt, établir la somme nette à payer; une seule erreur dans l'une de ces opérations arrête tout le travail, qu'il faut revoir et redresser.

Les échéances se succédant les unes aux autres, tout ce vaste système fonctionne régulièrement dans son ensemble, et le rentier touche son argent à jour fixe sans élever le moindre soupçon contre la régularité des opérations de la Banque, et la bonne foi de l'État vis-à-vis du public qui est son créancier. Cependant les paiements s'appliquent, deux fois par an, à 270,000 (1) comptes et s'élèvent à près de 800,000,000 de livres.

Il n'y a pas une contrée du monde civilisé qui donne d'aussi éclatants exemples d'intégrité nationale d'une part, et de confiance illimitée de l'autre, et qui montre un tel accord entre le Gouvernement et la Nation, accord au sujet (2) duquel j'ai essayé, dans les pages qui

(1) Leur nombre est actuellement de 250,000.

(2) En 1861, on cessa d'arrêter les opérations de transfert au moment des échéances. Les 1ers Mars, Juin, Septembre et Décembre.

précèdent, d'esquisser le rôle de la Banque d'Angleterre.

Nombre des transferts et des comptes de fonds publics pendant les années 1839, 1849, 1859 et 1865 :

Années :	Transferts :	Comptes :
1839.	£ 201,190.	£ 279,584
1849.	£ 190,912.	£ 277,506
1859.	£ 171,881.	£ 269,304
1865.	£ 162,187.	£ 245,973

Capital de la Dette non amortie :

5 Avril 1839.	£ 767,469,210
« 1849.	£ 759,187,036
« 1859.	£ 780,363,509
« 1865.	£ 708,321,095

chaque compte est balancé séparément, et les transferts peuvent être opérés dès le lendemain, coupon détaché, de sorte qu'il est maintenant possible de vendre et de transférer de la rente tous les jours de l'année, à l'exception des jours fériés.

DÉPARTEMENT DE L'ÉMISSION

Émission des Billets. — J'aborde la seconde grande division des attributions de la Banque d'Angleterre, c'est-à-dire l'émission des billets, opération qui s'accomplit actuellement dans les conditions imposées par l'Acte de 1844.

La première question qui se présente est celle de la fabrication des billets eux-mêmes.

Le papier qui y est employé sort, depuis plusieurs années, de la manufacture de M. Portal à Laverstock, Hampshire ; cet établissement fournit ordinairement à la Banque environ 213,000 mains de papier, au prix de 19 shillings 6 pence la rame de 500 feuilles ; il est d'usage de s'en approvisionner 6 mois avant qu'il ne soit employé.

Les toiles qui servent à faire les filigranes et les planches d'impression sont toutes fabriquées à la Banque. Les presses et l'impression sont sous la double surveillance du Chef de l'Imprimerie, M. Coe, et de l'Ingénieur, M. Hensman.

C'est le Caissier Principal qui règle le nombre de billets à imprimer, et donne ses ordres à l'Imprimerie, en raison de la quantité de billets qu'il juge nécessaire.

Les billets s'impriment en deux fois : la première

opération s'applique à toutes les parties du billet, sauf les numéros et les dates qu'on imprime dans les cartouches au moment même de l'émission.

Après le premier tirage, les billets sont confiés au Caissier qui en devient dès lors responsable. On ne procéde à la deuxième opération qu'au moment de l'émission ; c'est alors que les billets sont numérotés, datés et signés sous la surveillance directe des caissiers qui sont à cet effet de service journalier à l'Imprimerie. Ceux-ci comptent les billets, vérifient s'ils sont réguliers, en prennent là garde, et déchargent les imprimeurs de toute responsabilité ultérieure.

Les billets ainsi préparés sont déposés dans la serre, et tenus en réserve pour les biens courants.

Chaque fois que le Caissier Principal donne l'ordre de numéroter et de dater des billets, il en avise le Chef de la Comptabilité, en indiquant le nombre de ces billets, et la date qu'ils doivent porter. Le Chef de la Comptabilité ouvre immédiatement un crédit général pour le montant de la nouvelle création de billets, et fait préparer dans son service des registres appelés Grands-Livres, qui portent des numéros et des dates correspondant à ceux des billets dont il s'agit ; un crédit spécial y est ouvert pour chacun des billets fabriqués.

Les billets prêts à entrer dans la circulation sont tirés de la serre par le Caissier Principal, quand le besoin se présente, et passent dans le Département de l'Émission ; d'où ils sont distribués au public, aux banquiers, aux différents bureaux de la Banque centrale et à ses diverses succursales, de sorte que ce service est tenu au courant et devient virtuellement responsable de tous les billets émis à la Banque d'Angleterre.

Ces billets sont mis en circulation de deux manières.
D'abord, tout le monde peut demander des billets en
échange de souverains ; ensuite, toute personne qui a
un compte courant à la Banque peut tirer sur elle des
chèques dont le montant est acquitté en billets, ou, si
on le préfère, en billets et en or.

Chaque billet émis est entré à son numéro d'ordre et
à sa date sur les registres du Département de l'Émission, et ces registres étant régulièrement balancés à la
fin de chaque journée, tous les billets qui restent
(y compris ceux qui, considérés comme caisse courante,
demeurent dans les portefeuilles des payeurs, et qu'on
dépose la nuit dans la serre) sont renvoyés chaque soir
au caissier, dont par conséquent les comptes doivent
indiquer le nombre de billets émis dans le courant de
la journée.

Une opération analogue se fait en même temps que
celle-ci, dans le même Département, je veux parler de
l'échange des billets contre espèces. Le billet de banque
n'étant autre chose qu'une promesse de payer une certaine somme en or à présentation, toute personne appor-
tant des billets à la Banque est en droit d'exiger leur
remboursement, et chaque jour des sommes considérables en or sont employées à ces échanges.

Les comptes journaliers du caissier doivent également
ment indiquer le nombre des billets rentrés de cette
manière, ainsi que celui des billets versés par les personnes qui ont des comptes courants à la Banque.

Des écritures semblables, tenues au bureau de la
Comptabilité, indiquent sommairement la quantité de
billets échangés contre de l'or, d'or remis en échange
de billets, et de billets payés ou reçus dans les divers

services de la Banque. Ces écritures doivent être tous les jours d'accord avec celles du caissier.

J'ai déjà dit qu'au moment où les billets sont numérotés et datés, le Chef de la Comptabilité en est imformé, et fait ouvrir aux Grands-Livres un crédit spécial pour chaque billet. Quand les billets sont rentrés à la Banque pour le remboursement, on annule ces crédits particuliers par l'indication au Grand-Livre de la date de rentrée en regard du numéro inscrit sur le billet lui-même.

On comprendra qu'en déduisant le montant des crédits ainsi annulés, ou, en d'autres termes, celui des billets remboursés du compte général des billets en émission, on obtiendra exactement, à la fin de chaque jour, le nombre et le montant des billets qui restent en circulation.

Dès que des billets ont été reçus par les employés de la Banque, ils sont immédiatement annulés : cette opération consiste à déchirer l'angle où se trouve la signature du caissier, puis à enlever à l'emporte-pièce le montant du billet, inscrit dans l'angle de gauche.

Après qu'ils ont été annulés, et qu'on en a fait la sortie sur les registres du bureau de la Comptabilité, les billets, préalablement séparés d'après leur somme et leur date, et rangés par ordre numérique, sont attachés en paquets variant de 300 à 1,500 ; chaque billet doit porter au recto une estampille permettant de se reporter au livre et au jour de la rentrée, afin de mettre les employés à même de constater en quelques minutes par qui et à quelle époque chaque billet a été remis à la Banque.

Ces paquets sont ensuite placés dans le dépôt annexé

au service de la Comptabilité, et renfermés dans des boîtes contenant de trois à six liasses de 1,000 billets chacune; on les conserve pendant dix ans, et ils sont, à l'expiration de ce terme, brûlés ainsi que je l'ai déjà dit.

Pendant cette période de dix ans, on peut se reporter à tous les billets, et préciser les circonstances de leur paiement, pourvu que le numéro, la date et la somme soient suffisamment désignés.

Le nombre de billets remboursés par la Banque et annulés chaque jour varie de 24 à 42,000 (1), ce qui donne par jour une moyenne de 33,000.

Dans le dépôt dont j'ai parlé précédemment, il y a 16,000 boîtes renfermant des liasses de billets, et ceux-ci s'élèvent ordinairement au chiffre presque incroyable de 90,000,000 (2).

Il n'en est cependant pas un qui ne puisse être trouvé en quatre ou cinq minutes.

Ces dispositions compliquées et dispendieuses ne sont maintenues que dans l'intérêt du public, pour le cas où il y aurait intérêt à suivre la trace de tel ou tel billet.

En ce qui concerne la Banque, les billets pourraient être détruits aussitôt après qu'ils ont été payés, et que les engagements qu'ils représentent ont été remplis.

Le nombre des personnes employées seulement à l'impression des billets est de trente environ, y compris 24 jeunes garçons qui font le service des presses; il faut

(1) Le nombre de billets annulés quotidiennement a varié l'année dernière de 30 à 61,000, ce qui donne une moyenne de 42,000 par jour.

(2) Actuellement 80,000,000, les billets n'étant plus conservés que sept ans au lieu de dix.

y ajouter neuf caissiers, qui sont des employés supérieurs, et huit garde-magasins.

Cinquante commis environ sont préposés aux échanges de billets contre espèces et d'espèces contre billets, et trois employés, attachés à la serre, ont la garde des billets prêts à entrer en circulation.

Les employés de la Comptabilité qui entrent, inscrivent et pointent les billets reçus, sont au nombre de cent environ (1), dont cinquante inspecteurs, qui n'ont d'autre fonction que d'examiner les billets, afin de découvrir ceux qui pourraient être faux, et de fournir à une enquête les plus minutieux détails, dans le cas où un billet falsifié aurait été payé. Comme la masse des billets remboursés chaque jour par la Banque est présentée par les banquiers de Londres, qui les envoient à l'examen plusieurs heures à l'avance, il y a dans cette mesure une garantie sérieuse contre l'encaissement de billets faux.

Bureau des Métaux précieux. — Un autre service intimement lié avec celui de l'Émission des billets est le service des matières d'or et d'argent.

La Banque étant obligée par la loi d'acheter tout l'or qu'on lui apporte au prix de £ 3, 17, 9, par once d'or au titre voulu, c'est-à-dire de donner à ce taux ses billets ou reconnaissances, il est indispensable qu'elle ait un service spécial où les lingots acquis de cette manière puissent être mis en sûreté.

L'obligation imposée à la Banque d'acheter des matières d'or au prix de £ 3, 17, 9 l'once est une facilité

(1) Le nombre des employés et autres personnes attachés à ce service est maintenant de 125.

donnée au public qui désire les échanger contre des valeurs d'une circulation plus facile. (On désigne par le mot de matières d'or ou d'argent « bullion » ces métaux sous toute autre forme que celle de monnaies).

Si un importateur d'or désire le vendre, c'est-à-dire l'échanger contre de l'or monnayé pouvant être donné en paiement, il peut envoyer cet or à la Monnaie et, pour chaque once d'or à 22 carats de fin, c'est-à-dire contenant 22 parties d'or pur sur 24, il recevra de l'or monnayé au taux de £ 3, 17, 10 1/2 par once. Mais il doit se charger de l'envoi à la Monnaie, et attendre quelques jours pour le monnayage. Il est par conséquent plus avantageux pour le vendeur d'envoyer l'or à la Banque et de perdre 1 penny 1/2 par once. Cette opération ne fait subir aucune perte à la Banque, qui peut revendre les mêmes lingots à raison de £ 3, 17, 10 1/2 l'once.

La Banque n'envoie ses lingots à la Monnaie que lorsqu'elle vient à manquer des souverains.

Souvent, elle vend de la monnaie d'or étrangère avec un bénéfice si minime qu'il peut paraître avantageux à un expéditeur qui fait des envois d'or en Russie, par exemple, de se procurer du numéraire russe plutôt que des lingots ou des souverains; mais, dans tous les cas, la règle de la Banque est de n'acheter l'or qu'au prix du numéraire, c'est-à-dire à un taux qui lui permette toujours de le faire monnayer sans avoir de perte à supporter.

Le Bureau des Lingots sert aussi à la Banque de dépôt ou de magasin pour l'or et l'argent, ou pour des objets de valeur, comme les diamants et les pierres précieuses.

Les importateurs sont autorisés à déposer et à retirer leurs métaux précieux sans frais, la Banque se trouvant suffisamment rémunérée par quelques légers profits qu'elle retire des pesages faits par l'administration, de l'emballage et du fret des lingots destinés à l'exportation ; de sorte que ce département, loin d'augmenter les frais généraux de la Banque, est pour elle l'occasion d'un bénéfice annuel, bien que variable.

Il existe encore un autre service qu'on appelle, pour le distinguer du précédent, le Bureau de l'argent, où environ douze employés sont occupés à recevoir de l'argent des banquiers et autres personnes. 1,600,000 livres y sont annuellement comptées, pesées et soigneusement examinées ; il faut y ajouter à peu près 600,000 livres d'argent neuf qu'on reçoit de la Monnaie (1).

Salle à peser l'or. — Tout l'or versé à la Banque est pesé dans une salle particulière.

Elle contient dix machines (2) (inventées par M. Cotton, ancien Gouverneur et maintenant Doyen des Directeurs de la Banque). Ces machines fonctionnent continuellement.

Il suffit de les remplir de souverains et demi-souverains, et la double opération du pesage et de la séparation des pièces légères de celles qui ont le poids légal est faite par les machines elles-mêmes, à raison d'environ 2,000 pièces à l'heure, avec une exactitude et une précision que ne pourrait obtenir un travail manuel. Par ce procédé, en 1858, 14,426,507 (3)

(1) A la fin de 1866, en Octobre, on avait reçu £ 2,200,000 des particuliers, et £ 500,000 d'argent neuf envoyé par la Monnaie.

(2) Actuellement, il y a douze machines.

(3) En 1866, on a pesé 20,000,000 de livres en or.

livres en or, formant un total de 15,866,343 pièces, ont été pesées et triées (1).

Comme toutes les pièces d'or qui passent par la Banque sont pesées avec soin, et que leur moyenne est de 50,000 par jour; comme celles qui sont reconnues trop légères sont coupées, la circulation trouve dans ce service de sérieuses garanties.

Les appareils sont mis en mouvement par une machine atmosphérique, à peu près semblable à une machine à vapeur, et les souverains qui n'ont pas le poids légal sont immédiatement coupés pour être refondus.

(1) Le nombre des pièces s'est élevé à **22,000,000**, ce qui donne une moyenne de 68,000 par jour.

AFFAIRES DE BANQUE PROPREMENT DITES

Les services compris sous ce titre sont ceux où se traitent les opérations communes à la Banque et à tous les banquiers de Londres. Les plus importants d'entre eux sont les suivants :

Service de chèques pour les comptes particuliers.
Service de chèques pour les comptes publics.
Encaissement de traites.
Post-Bills.
Paiement d'arrérages.

Tous ces services sont étroitement liés entre eux par la nature de leurs opérations.

Service de chèques pour les comptes-courants particuliers. — Toute personne ayant d'honorables répondants peut se faire ouvrir un compte de ce genre, à la seule condition qu'il en puisse résulter pour la Banque une rémunération suffisante. Cette condition sera remplie si le solde du compte donne une moyenne d'intérêts suffisante pour compenser les frais qu'occasionne son ouverture.

Ce solde, indispensable pour que le compte soit

regardé comme productif, dépend naturellement du nombre de chèques tirés, et de la somme de travail que ses mouvements nécessitent.

Il n'y a pas de chiffre stipulé comme minimum, mais le Chef de service, en ouvrant un compte, doit toujours faire connaître quel solde sera jugé suffisamment rémunérateur. On peut approximativement considérer comme insuffisant un bénéfice qui ne s'élèverait pas, dans le courant d'une année, à six pence par chaque chèque payé.

Supposons, par exemple, qu'un compte ait à son crédit une balance moyenne de 500 livres, et que sur cette somme cent livres demeurent improductives ; le reste, c'est-à-dire 400 livres, rapporterait annuellement 12 livres, à 3 %. Si le compte ne tire pas plus de 480 chèques dans l'année, la balance pourra être considérée comme offrant une rémunération suffisante, puisque 6 pence multipliés par 480 produisent 12 livres. Si au contraire il était tiré sur le même compte 1,000 chèques ou mandats de paiement, dans le courant de l'année, les choses changeraient complétement de face.

Certains comptes ne sont pas astreints à cette condition de conserver à leur crédit une balance déterminée, et paient un droit fixe proportionné à l'importance des paiements effectués, et du travail dont ils sont l'occasion ; mais ce sont là des exceptions à la règle générale.

La Banque rend toute espèce de services à ses clients : elle se charge de l'achat, de la vente, ou de la garde de leurs valeurs, reçoit leurs arrérages de toute nature, et effectue leurs paiements dans presque tous les pays ; si elle ne leur permet pas de dépasser leur crédit, elle est toujours prête à leur escompter les effets qui lui semblent bons, et à leur faire des avances sur toutes les valeurs qu'il est dans ses habitudes de recevoir en garantie ; mais ces avantages ne sont réservés qu'à ceux qui n'ont pas de compte ouvert ailleurs qu'à la Banque, ou du moins dont le compte est jugé suffisamment rémunérateur.

Il entre dans les attributions du Chef de service d'examiner si tous les comptes sont régulièrement tenus, et si la Banque reçoit la rémunération due à son travail. Lorsqu'un compte ne semble pas fonctionner régulièrement, on en fait l'observation au titulaire, et, si celui-ci n'y donne pas suite, on décide la suppression du compte.

Les affaires journalières, réception et paiement de sommes en compte-courant, se traitent dans une vaste salle, divisée en quatre parties, dont l'une est occupée par le service que nous examinons en ce moment.

Les clients de la Banque y viennent effectuer leurs opérations sur un long comptoir divisé en sections par ordre alphabétique, pour éviter la confusion et les pertes de temps.

Les employés attachés à cette section, et chargés de recevoir ou de payer, sont responsables du paiement des chèques falsifiés et des dépassements de crédit ; aussi ont-ils un libre accès auprès des Grands-Livres que tiennent constamment au courant des employés spéciaux, et peuvent-ils immédiatement s'assurer, avant de payer un chèque, que le compte possède un crédit suffisant.

Lorsqu'on fait porter au crédit d'un compte un chèque payable au dehors, les fonds ne sont dispo-

nibles qu'après le temps nécessaire à l'encaissement ;
mais la Banque qui s'efforce toujours de concilier l'intérêt du public avec sa propre sécurité, fait opérer les
encaissements avec toute la célérité possible, afin de
mettre ses clients en mesure de disposer de tous les versements ainsi effectués à leur crédit.

Tous les banquiers de Londres, ainsi que les banques
par actions, ont des comptes de chèques à la Banque ;
une des sections du comptoir dont j'ai parlé leur est
spécialement réservée.

Le grand avantage réalisé par les établissements qui
font usage de ces comptes est de pouvoir mener à bonne
fin leurs importantes négociations de mandats et de
traites, sans se servir de billets de Banque ou de numéraire, et par conséquent sans courir le moindre risque
de perte ou de vol.

Supposons que cette organisation n'existe pas, et que
la Banque ait une créance de £ 10,000 livres en mandats sur messieurs Glyn et Cie ; comme pour divers
motifs, elle n'est pas en relations avec le Comptoir
Général de Virements, les débiteurs devront se procurer, chez leur banquier, les fonds nécessaires au
paiement de cette créance ; mais pendant ce temps leur
maison peut elle-même devenir créancière, par suite
de négociations, d'une somme égale à celle qui est due
à la Banque, et consistant en chèques tirés sur celle-ci
en post-bills, bons du Gouvernement, mandats de dividendes, et autres valeurs payables à la Banque, dont
ils doivent aussi opérer l'encaissement. Ce sont donc
20,000 livres à transporter à travers la Cité, aux risques
et périls des employés, et un maniement de sommes
aussi considérables peut entraîner des pertes. Grâce à

l'organisation actuelle, Glyn et Cie font porter ce qui leur est dû au crédit de leur compte, et remettent eux-mêmes au garçon de recette un chèque sur la Banque en paiement de ce qu'ils lui doivent.

Beaucoup de banquiers ont secondé la Banque dans cette voie, et fait entre eux d'importantes transactions en substituant les chèques au numéraire. Cette mesure fut définitivement adoptée en 1856, époque à laquelle tous les banquiers consentirent à solder, à la fin de chaque journée, au Comptoir Général de Virements, la balance de leurs comptes, au moyen de chèques sur la Banque au lieu d'espèces. Un employé reste à la Banque après la fermeture des bureaux pour passer ces chèques, afin que chaque banquier soit bien certain qu'il sera fait honneur à ceux qu'il a reçus.

A ce point de vue, le service de chèques est un important auxiliaire du Comptoir Général de Virements. Ses opérations (1) s'élèvent à £ 135,000,000 environ par an, et l'on peut évaluer approximativement à la somme énorme £ 1,900,000,000 (2) le chiffre d'affaires que fait, avec son concours, le Comptoir Général de Virements, sans avoir besoin d'une seule pièce de monnaie et d'un seul billet de Banque.

Le nombre des comptes ouverts dans ce service, comme comptes ordinaires de dépôt, est d'environ 4,000.

Service de chèques pour les Comptes-Courants publics. — Il est consacré aux comptes du Gouvernement ; mais cette destination n'est pas rigoureusement observée, et il y a un certain nombre de comptes, dé-

---

(1) Actuellement £ 326,000,000.
(2) Actuellement £ 4,588,000,000.

signés ordinairement sous le nom de comptes publics, qui ne tiennent en rien à l'État, tels que ceux de l'Établissement de la Trinité, de la cour des Faillites, du chemin de fer des Indes, etc., etc. Au reste, la distinction établie entre les comptes publics et les comptes particuliers n'a d'autre but que de diviser le travail, dans l'intérêt général des clients et des employés de la Banque. Dans la pratique, il n'y a aucune différence entre les mouvements d'un compte du Gouvernement et ceux de tout autre compte qui peut être ouvert dans ce service spécial : tous les versements sont portés au crédit, et les paiements au débit du compte de Dépôts, et la balance doit, en fin de journée, être d'accord avec les sommes qui sont entre les mains des caissiers, en tenant compte de ce qu'ils ont payé et reçu dans le courant de la journée.

Il y a environ 109 employés attachés aux deux services dont je viens de parler, et 221 registres dont on se sert continuellement.

Encaissement de Traites. — Dans cette section toutes les traites qui appartiennent à des clients, ou ont été escomptées par la Banque, sont classées par ordre et disposées de façon à être exactement présentées à leur échéance. Trente-deux garçons de recette sont chargés de ce soin, et présentent en outre les chèques qui sont versés en compte, pendant la journée, dans les deux services de chèques.

La recette est divisée en deux tournées, qu'on appelle : « tournée du dehors » et tournée de la Cité. » Dans la première, qui comprend les quartiers de l'ouest et les faubourgs de Londres, les encaissements ne se

font que deux fois par jour : à neuf heures du matin
et à midi, de sorte que les mandats tirés sur les établissements situés dans ces quartiers ne peuvent, s'ils
sont remis en compte à la Banque après midi, être présentés avant le lendemain matin. Mais dans la tournée
dite « de la Cité » les encaissements ont lieu d'heure
en heure jusqu'à trois heures, et avec une telle célérité
qu'on peut disposer, dès le soir même, du montant de
chèques remis en compte avant l'heure réglementaire.

C'est aussi ce service qui reçoit et restitue les valeurs
remises en garde, et qui se charge d'encaisser, à leur
échéance, les coupons et les bons d'arrérages.

Cent vingt et un registres environ, tenus par soixante-
cinq employés, servent à l'inscription des mandats à
encaisser et des valeurs déposées.

Bien que ces opérations n'ajoutent rien aux bénéfices
de la Banque, elles n'en sont pas moins d'une grande
importance dans l'ensemble de ses affaires; car le service qui nous occupe est l'agent des recettes de tous
les autres départements, et fait présenter avec la plus
grande promptitude et une régularité qui exclut
toute chance d'erreur les chèques, mandats, warrants, etc., etc., qui ont été reçus par la Banque avant
leur échéance.

Post-Bills. — La Banque délivre des Post-Bills
payables à sept jours, ou à soixante jours de date ; elle
en reçoit le montant en espèces, au moment même où
elle les émet, et devient ainsi responsable de leur paiement au jour fixé.

Ces effets dont le montant peu varier, sont d'une
grande commodité pour les paiements à effectuer dans

les différentes parties de l'Angleterre, ou même à l'étranger ; d'un bout à l'autre du monde on les accepte avec confiance sous la garantie de la Banque, et leur usage n'entraîne pas d'autres frais qu'une perte d'intérêt. Il existe généralement un solde non remboursé d'environ 500,000 livres, dont la Banque peut faire usage ; son bénéfice consiste dans la jouissance des intérêts, dont elle doit déduire la dépense occasionnée par le service et par l'impression des mandats.

Près de 110,000 post-bills sont émis dans le courant d'une année, et représentent une somme d'environ £ 8,000,000 (1). Ce bureau occupe seize employés.

Paiements d'arrérages. — Le service chargé de ces opérations n'est pas installé dans le même corps de bâtiment que ceux dont je viens de parler, mais dans le voisinage immédiat des bureaux de la rente, pour la plus grande commodité du public.

Chaque dividende est payé au moyen de ce que nous avons appelé des mandats de paiement, qui sont à la fois des chèques payables à vue et des reçus ; à ce dernier titre, ils sont produits à la Cour des Comptes comme pièces justificatives, en témoignage de la somme d'arrérages acquittée par la Banque pour le compte du Gouvernement.

Le travail est peu pénible dans ce service en dehors des quatre échéances de la rente ; à ces époques, le paiement des arrérages qui ne sont pas encaissés par l'entremise des banquiers est généralement réclamé par les ayants-droit, aussitôt après la réception des man-

(1) Actuellement £ 6,000,000.

dats. Il arrive souvent que les quarante-huit employés préposés à ce genre d'opérations ont à passer jusqu'à 5,000 mandats dans le courant de la même journée.

Services de la Chancellerie de l'Échiquier et du Livre général de Caisse. — Ce sont deux services de moindre importance, étroitement liés avec les précédents.

Le premier est sous le contrôle direct du Chef de la Comptabilité, et n'a sa raison d'être que dans la nécessité de tenir avec les plus grands détails les comptes de la Chancellerie. On y ouvre des comptes particuliers pour toutes les causes et affaires où se trouvent engagés des fonds appartenant à des plaideurs en cour de Chancellerie, et l'on y suit les comptes nombreux et compliqués auxquels donnent lieu ces causes par suite des ordonnances de la Cour. On y examine, avant d'en effectuer le paiement, les mandats émis par la comptabilité de la Chancellerie, qui, à certaines époques, s'élèvent au chiffre de sept cents par jour.

Le service du livre général de caisse, placé sous la surveillance du Caissier Principal, délivre des bons sur le service des chèques pour l'acquit des mandats dont je viens de parler; il reçoit les versements pour le compte de la Chancellerie, et transmet au Directeur Général de la Comptabilité un avis détaillé des opérations de chaque jour. C'est encore là qu'on conserve le livre général de caisse de l'Administration, et qu'on paie les diverses dépenses de la Banque ainsi que les pensions des employés retraités.

Bureau de l'Escompte. — Il est spécialement destiné à l'escompte des effets. La Banque consacre une forte

partie des dépôts qui lui sont confiés à ce genre de placements, l'un des plus avantageux qui existent pour
l'emploi de fonds remboursables à la première demande. S'il était possible de maintenir toujours la
même proportion entre la somme ainsi employée et le
montant des dépôts, soit le tiers ou la moitié, l'extrême
limite du temps que les valeurs ont à courir, c'est-à-dire
l'échéance, étant de 90 jours, et l'échéance moyenne
de 68 jours environ, le total des sommes qui rentre-
raient chaque jour à la Banque, en échange de billets
échus, serait toujours à peu près le même, et un contrôle utile pourrait ainsi être exercé sur les ressources
de la Banque provenant de cette origine. Mais une
telle proportion est extrêmement difficile à garder,
tant à cause des habitudes du commerce de Londres
que de l'obligation où se trouve la Banque de venir, à
certaines époques, au secours du capital imprudem-
ment engagé. Aussi, la direction de ce genre d'opérations exige-t-elle les précautions les plus minutieuses.

Quelques personnes autorisées considèrent la faculté
d'élever indéfiniment le taux de l'escompte comme une
garantie suffisante pour protéger la Banque contre des
demandes exagérées ; mais dans la pratique on n'a jamais usé de cette faculté avec beaucoup de rigueur. Il
est souvent arrivé qu'après une longue succession de
taux peu élevés, indiquant une grande abondance de
capitaux inactifs, les affaires ont pris tout à coup un
développement qui dépassait toute prévision ; si, dans
une semblable circonstance, se manifeste quelque
crainte d'un manque d'argent prochain, aucune élévation du taux de l'escompte ne pourra arrêter immédiatement les demandes, au contraire, il se produira

peut-être, pendant un certain temps, un effet diamétralement opposé. C'est pourquoi il est indispensable que la Banque d'Angleterre ait à sa disposition dés ressources spéciales en vue de semblables conjonctures. Si les Directeurs jugent opportun d'augmenter la proportion des placements, en faisant de plus larges escomptes, il est très-difficile pour la Banque (quoique plusieurs personnes, dont l'opinion fait autorité, soient d'avis qu'il n'y a pas là d'impossibilité) de maintenir l'escompte au taux de la place, ou d'en ajuster constamment les variations aux affaires et aux besoins du pays. D'un autre côté, le vif désir d'étendre les opérations d'escompte que manifestent surtout des Établissements dont le principal bénéfice résulte de la différence entre l'intérêt servi aux déposants et celui qu'ils font rapporter aux capitaux dont ils disposent, empêche la Banque, quelle que soit d'ailleurs la sagesse de sa conduite, de faire partager ses principes de prudence et de circonspection à des Établissements dans les affaires desquels elle n'a pas à intervenir.

A différentes époques, dans ces dernières années, la Banque d'Angleterre s'est invariablement trouvée dans la nécessité de fournir aux affaires des sommes considérables, alors que les autres maisons de banque et surtout les courtiers de change de Londres n'avaient plus à leur disposition une réserve suffisante de fonds réalisables.

Tout individu qui fait à Londres un commerce honorable peut obtenir la faculté d'escompter à la Banque d'Angleterre, en se faisant présenter par un Directeur dont il est connu, ou en s'adressant aux Gouverneurs et en fournissant à l'appui de sa demande les références exigées ; le compte une fois ouvert, le titulaire peut présenter chaque jour son papier à l'escompte ; quant au choix des effets et au chiffre de la somme à engager, ils sont naturellement soumis à l'appréciation des Directeurs.

Succursales de la Banque. — Les Succursales sont dans la dépendance complète de l'administration centrale. Elles se livrent à toutes les opérations de banque ordinaires, c'est-à-dire qu'elles reçoivent les dépôts, effectuent les paiements, font les encaissements sur toutes les places pour le compte de leurs clients, et prennent les valeurs en garde. En un mot, chaque Succursale reproduit ce qui se traite à Londres dans les services consacrés aux affaires de banque, y compris l'émission des billets et des Post-Bills à sept jours de date ou à une plus longue échéance. Ces billets ne sont payables, en numéraire, qu'à la Succursale qui les a émis, ou à Londres.

Les comptes sont balancés chaque soir, absolument comme à Londres, et leur situation est envoyée chaque jour par la poste à la Banque centrale, avec le détail des transactions de la journée.

Toute somme d'argent peut être versée à Londres au crédit d'une Succursale, ou dans une Succursale un crédit d'une autre Succursale.

Il existe dix Succursales, qui occupent environ cent cinquante employés.

L'une de leurs fonctions les plus importantes est la transmission des revenus de l'État, qui sont versés par les Receveurs, dans les différents dépôts, entre les mains des agents de la Banque préposés à ce service.

Le compte de l'Echiquier à Londres en est immédiatement crédité, de sorte que ces revenus peuvent être employés, pour ainsi dire, sans perte de temps.

Bureau des Succursales. — Toutes les affaires qui se rattachent aux Succursales sont centralisées dans ce service, qui occupe 21 employés.

Succursale de l'Ouest. — La Succursale qui a été récemment créée dans le quartier Ouest de Londres peut être regardée comme une annexe des services de chèques plutôt que comme un établissement spécial.

Toutefois les dispositions y sont à peu près les mêmes que dans les autres Succursales.

Le Département du Secrétariat est distinct de tous ceux dont il vient d'être question, bien qu'il soit intimement lié avec chacun d'eux. Le Chef de ce service a dans ses attributions toutes les affaires qu'il y a lieu de soumettre à l'examen du Conseil des Directeurs.

Les Secrétaires veillent à ce que toutes les formalités prescrites par les statuts soient observées dans les assemblées périodiques des Actionnaires, l'élection des Directeurs, etc. Ils enregistrent les décisions de ceux-ci, et transmettent leurs ordres aux différents services. Ils convoquent toutes les commissions, assistent à leurs séances, dressent procès-verbal de leurs discussions, en font rapport aux Directeurs dans les formes voulues, et expédient tous les travaux urgents réclamés par les Gouverneurs. Le bureau du secrétariat enregistre les pertes de billets et de mandats, et suit toute la correspondance qui s'y rattache. (Il y a eu jusqu'à 2,700

billets frappés d'opposition dans le courant d'une année.)
Il examine les réclamations relatives au paiement de
billets dont une moitié a été perdue, ou de mandats
égarés, il ouvre les enquêtes rendues nécessaires, et
reçoit les valeurs déposées en garantie. Plus de 600
demandes de ce genre, présentées annuellement, s'appliquent à une valeur d'environ 16,000 livres, et
exigent la déclaration de plus de mille personnes.

Le Secrétaire rédige aussi un état de tous les employés
et autres agents attachés à la Banque, avec le chiffre
de leurs appointements, les promotions et augmenta-
tions annuelles. Il prépare les feuilles trimestrielles
pour le paiement des appointements, des pensions,
des gratifications, etc., et contrôle toutes les dépenses
de l'administration.

La direction de la société de prévoyance de la
Banque et la distribution des secours provenant de la
libéralité des Directeurs ont été récemment confiées à
ce service.

Le Secrétariat a généralement à sa disposition environ cinquante employés non classés, que l'on envoie
dans les divers bureaux suivant les exigences du travail.
C'est lui qui examine les demandes des candidats aux
emplois de l'Administration, et qui fait passer à cet
effet des examens périodiques.

En règle ordinaire, toutes les affaires et la correspondance d'une nature bien précisée qui peuvent se
rattacher à l'une des trois grandes divisions de la
Banque sont dévolues aux soins de deux Chefs principaux : le Chef de la Comptabilité et le Caissier Principal ; mais tout ce qui se rattache à des informations
générales ou à une correspondance accidentelle est

transmis au secrétariat, en outre des affaires qui le concernent directement, parce qu'il est plus à portée de prendre les ordres des Directeurs.

Je n'ai pas l'intention de m'étendre plus longuement ici sur l'organisation générale de la Banque d'Angleterre, les principes d'après lesquels y sont conduites les affaires ne différant pas, que je sache, de ceux qui sont en vigueur dans tout autre établissement de banque sagement dirigé.

La somme moyenne des dépôts une fois connue, le premier devoir de tout banquier, après qu'il a apporté l'attention nécessaire à leur durée probable, est de convertir en bonnes valeurs de banque tout ce qui excède le chiffre auquel le montant de ces dépôts peut être vraisemblablement réduit.

De tous ces placements, les meilleurs sont les lettres de change et les prêts à courte échéance, auxquels on peut encore ajouter la rente et les autres valeurs faciles à réaliser.

Il faut avoir soin de réserver un encaisse suffisant pour faire face aux fluctuations prévues qui résultent des retraits, sans qu'on ait à toucher aux placements effectués. Ces placements sont appelés à la Banque d'Angleterre « Valeurs de banque, » et le montant en est publié chaque semaine par la *Gazette de Londres*.

Le capital de la Banque, bien qu'employé en valeurs du même genre, n'a pas besoin d'être aussi facilement réalisable ; toutefois, il est désirable d'en conserver une partie importante sous forme de valeurs de premier ordre, qui puissent être vendues dans les cas de besoins extraordinaires.

La direction générale des placements de la Banque est tout d'abord soumise au contrôle direct des Gouverneurs, qui sont toujours à même de consulter le Comité de la Trésorerie. De plus le Conseil des Directeurs reçoit souvent communication de toute transaction qui concerne non-seulemect les placements de ce genre, mais encore les diverses autres matières qui intéressent la Banque.

Le département de l'Émission n'a besoin d'aucune direction particulière. Tous les billets émis, sauf £ 14,475,000 (1), sont représentés par l'encaisse enfermé dans les caves, et ces 14 millions 1/2 eux-mêmes sont employés en placements sur l'État. Il ne peut donc pas y avoir de risques à courir de ce côté, tant que la circulation des billets ne sera pas réduite à 14 millions 1/2 de livres, ce qui ne s'est jamais vu jusqu'à présent.

On a prétendu que la somme de 11,000,000 de livres prêtée à l'État, étant une partie considérable du capital de la Banque, empêchait celle-ci de donner au commerce l'assistance qu'il trouverait en elle si cette même somme était placée en valeurs réalisables, et pouvait, à certaines époques, être consacrée à l'escompte de lettres de change.

Une telle assertion trahit une connaissance incomplète de la situation actuelle de la Banque. Il est vrai qu'à une date déjà éloignée celle-ci a prêté à l'État une portion importante de son capital primitif, et que le Gouvernement n'a pas remboursé cette dette ; mais il en sert à la Banque l'intérêt à 3 %, soit £ 330,000 par an.

(1) Actuellementt £ 15,000,000.

Cette situation a donc pour la Banque le même résultat que si elle possédait de la rente et en retirait un intérêt annuel de 330,000 livres.

De plus, l'État aurait toujours, avec l'autorisation du Parlement, la faculté d'amortir sa dette au moyen d'une simple création de rente sur le Grand-Livre de la dette publique.

Il est inexact de dire que la Banque serait dans l'impossibilité de faire des avances, des prêts ou des escomptes pour une somme égale à son capital et au montant de ses dépôts, si le besoin s'en faisait sentir. Elle pourrait payer ses actionnaires et ses déposants sans se préoccuper des 11,000,000 de livres prêtées au Trésor, pourvu que ses billets continuassent à jouir du même crédit qu'aujourd'hui, et que leur total dépassât le chiffre de 14 millions sterling, comme cela a lieu actuellement.

Le capital de la Banque, y compris les bénéfices non répartis, et considérés comme capital,
est de . . . . £ 17,000,000

Les dépôts, y compris les fonds versés pour le paiement des Post-Bills, s'élèvent à . . . . £ 23,000,000

Le total des engagements est donc pour le département des affaires de Banque, de . . . . £ 40,000,000

D'autre part :

La banque possède en valeurs de banque, qui of-

frent toutes une sécurité parfaite . .   £ 30,000,000
Elle a, généralement, une réserve
de billets montant environ à. . . . .   £ 10,000,000

Total égal : . .   £ 40,000,000

Il s'en suit qu'elle pourrait remplir tous ses engagements et payer ses actionnaires, sans avoir besoin de réclamer au Gouvernement le remboursement de sa dette de £ 11,000,000.

Celui-ci veille, ainsi que je l'ai déjà dit, à l'observation des règlements qui dirigent aujourd'hui le département de l'émission, et à ce que tout billet présenté au remboursement soit immédiatement payé en numéraire.

Si la circulation venait à descendre au-dessous de £ 14,475,000, la Banque serait, dans ces circonstances, obligée de réclamer à l'État le paiement de sa dette. Mais, celui-ci aurait toujours la facilité de s'acquitter, en créant une somme équivalente de rente 3% qu'il vendrait, et dont la valeur servirait à désintéresser la Banque.

Je crois avoir rendu un compte suffisant des travaux qui s'accomplissent à la Banque dans ses divers départements : ceux de la Dette publique, de l'Émission des Billets, et des Affaires de Banque, et j'ai donné un exposé succinct des principes généraux qui président à leur direction.

Il me reste à examiner comment ces trois grands services sont répartis entre les deux Chefs principaux et les Directeurs.

Le premier des Chefs principaux est le Chef de la Comptabilité ; le Caissier Principal est le second.

Le Chef de la Comptabilité a la surveillance de tous les comptes, y compris ceux qui sont relatifs à la Dette publique. Le Caissier Principal est chargé de tout ce qui a rapport aux paiements et aux encaissements.

Dans l'ancien système de la Banque, leurs deux services étaient entièrement séparés ; presque tous les registres de la Banque étaient sous la main du Chef de la Comptabilité, et le Caissier Principal devait s'occuper de l'encaisse, recevoir et rembourser les dépôts, délivrer les post-bills, échanger les billets contre de l'or, l'or contre des billets ; il était en un mot chargé de tout ce qui, dans les affaires de banque, ne nécessitait pas de tenue de livres. L'ensemble des écritures était confié au Chef de la Comptabilité, qui se faisait rendre compte par le Caissier Principal des encaissements et des dépenses, et pouvait ainsi contrôler jour par jour toutes les transactions de la Banque.

Les opérations de ces deux services (Caisse et Comptabilité) sont depuis plusieurs années moins rigoureusement séparées, mais le principe fondamental n'en est pas moins maintenu, et ces deux départements exercent l'un sur l'autre un contrôle réciproque.

Le Gouverneur et le Sous-Gouverneur font un service quotidien ; de plus un Comité, composé de trois Directeurs, se réunit chaque jour à onze heures, reçoit les rapports relatifs aux opérations des Succursales, s'assure que toutes les valeurs entrées la veille ont été dirigées sur les bureaux qu'elles concernent, examine celles qui ont été déposées en garantie des avances faites le jour précédent, fait sortir des caves l'or et l'argent, accepte ou refuse les effets présentés à l'escompte, vérifie de temps en temps les dépôts remis en garde, et enfin se tient, pour toute espèce de travaux, à la disposition des Gouverneurs.

Il y a vingt-quatre Directeurs, sans compter les deux Gouverneurs.

Leur réunion forme le Conseil des Directeurs. Celui-ci s'assemble tous les jeudis pour les affaires courantes : on met sous ses yeux un bilan qui lui montre la situation exacte de tous les comptes de la Banque la veille au soir. On lui soumet en outre toutes les affaires qui réclament sa sanction, comme l'ouverture des comptes avec faculté d'escompter, le remboursement des billets perdus, la liquidation des pensions et toutes les questions que le Gouverneur n'est pas autorisé à décider sous sa seule responsabilité, ou qu'il regarde comme assez importantes pour être communiquées aux Directeurs.

Les Directeurs sont tenus au courant, soit par les comptes rendus hebdomadaires, soit autrement, de toutes les opérations auxquelles se livre la Banque.

Le Conseil des Directeurs se subdivise en un certain nombre de Comités, dont chacun est chargé de surveiller une branche spéciale d'opérations et doit de temps à autre rendre compte au Conseil de sa surveillance.

Ces Comités sont au nombre de six, savoir :

1° Le Comité du Trésor ;

2° Le Comité de service quotidien ;

3° Le Comité des poursuites judiciaires et des Succursales ;

4° Le Comité des bâtiments de l'hôtel de la Banque,

chargé du personnel et du soin de faire passer les examens aux employés;

5° Le Comité d'inspection de la Comptabilité;

6° Le Comité d'inspection des caisses.

Des Comités spéciaux sont réunis chaque fois que le réclament les nécessités du service.

Le Comité du Trésor est composé des deux Gouverneurs en exercice, des Directeurs qui ont déjà rempli ces fonctions, et de ceux qui, sans avoir encore occupé l'emploi de Gouverneur, ont été spécialement désignés per le Conseil pour faire partie de ce Comité.

Le Comité de service quotidien se compose de trois Directeurs pris à tour de rôle dans le Conseil. Ils se réunissent à onze heures et restent en séance jusqu'à ce que toutes les affaires qui leur sont ordinairement soumises aient été expédiées.

Tout le papier présenté à l'escompte, à Londres, passe sous les yeux de ce Comité, ainsi que les effets escomptés la veille par les Succursales, sauf ceux qui sont payables dans leur localité même. Il a de plus la surveillance de toute la partie de l'encaisse métallique qui n'est pas entre les mains des Caissiers pour les besoins courants.

Le Comité des poursuites judiciaires et de l'administration des Succursales est chargé de toutes les affaires relatives à la falsification des billets, aux détournements, etc., ainsi que de la direction des opérations ordinaires des Succursales.

Le Comité préposé à l'entretien des bâtiments de l'hôtel, au personnel et aux examens, contrôle les mémoires et les comptes de tous les fournisseurs, ordonnance le paiement des traitements et pensions, examine les candidats, décide de leur admission, et fait passer des examens périodiques aux commis déjà classés dans l'administration.

Les Comités d'inspection de la Comptabilité et des Caisses sont saisis de toutes les irrégularités qui se produisent dans le service, et chargés des rapports auxquels donnent lieu les modifications qu'on propose d'introduire dans la direction des affaires, et qui sont soumises à leur appréciation par le Conseil des Directeurs.

Quelques-uns de ces Comités se réunissent à époques fixes, les autres sont convoqués aussi souvent que l'exigent les affaires qu'ils ont à examiner.

Les Gouverneurs sont choisis dans le Conseil des Directeurs par une élection annuelle ; mais tous les Directeurs ne sont pas nécessairement nommés Gouverneurs à tour de rôle.

Les Gouverneurs sont ordinairement réélus après une année d'exercice, de sorte que chacun d'eux remplit presque invariablement ses fonctions pendant deux années, le Sous-Gouverneur succédant au Gouverneur. Ils doivent être constamment présents à la Banque.

Les affaires courantes, telles que les questions de discipline, sont généralement soumises au Sous-Gouverneur ; mais c'est le Gouverneur qui s'occupe directement de tout ce qui concerne les relations de la Banque avec l'État, ainsi que des questions qui touchent à la direction générale. Sa décision fait loi dans tous les cas où les Chefs de service ne se croient pas autorisés à prendre eux-mêmes l'initiative.

Les Directeurs sont élus annuellement par les actionnaires ; mais bien que ceux-ci disposent de leur nomination, qu'ils aient le droit de ne pas choisir tel ou tel d'entre eux, ou de ne pas le réélire, c'est une règle invariable de laisser au Conseil le choix de nouveaux Directeurs.

Il est en effet, mieux que personne, en mesure de s'adjoindre des membres utiles qui, par leur position dans les affaires et leurs capacités, puissent servir les graves intérêts et concourir à la prospérité de la Banque d'Angleterre.

Quelques observations générales suffiront pour donner une idée des vastes proportions de cet établissement. Les constructions couvrent un terrain de près de quatre acres d'étendue, et le loyer en est estimé à £ 40,000 (1) par an.

Sans compter l'Inspecteur des travaux, les divers concierges et surveillants, les trois chefs principaux : le Chef de la Comptabilité, le Caissier Principal et le Secrétaire, sont logés dans l'intérieur de la Banque. Bien qu'il soit réglementaire que deux d'entre eux y résident constamment, elle est néanmoins sous la surveillance incessante d'autres agents responsables, d'employés de confiance qui sont désignés pour y passer la nuit. Un poste de troupe y est de garde chaque nuit, outre un corps de veilleurs recruté parmi les hommes de peine, dont chacun est familiarisé avec le maniement du matériel considérable préparé en cas d'incendie.

La Banque compte plus de mille employés, en comprenant ceux des succursales, les hommes de peine, mécaniciens, chauffeurs, etc. Le total des salaires et traitements s'élève à près de £240,000 (2) par an, sans s

(1) Le loyer est estimé actuellement à £ 70,000.
(2) Actuellement £ 260,000.

compter environ £ 20,000 de pensions servies aux employés mis à la retraite.

Les employés ont formé une société mutuelle au moyen de laquelle ils peuvent s'assurer à des conditions avantageuses. Ils ont aussi à leur disposition, dans la Banque même, une bibliothèque de choix dont presque tous les volumes ont été offerts par les Directeurs. Ils sont, dans la plupart des bureaux, sous les ordres d'un Chef et d'un Sous-Chef, auxquels sont adjoints des surintendants dans les bureaux les plus nombreux.

Les Chefs exercent l'autorité dans leurs bureaux respectifs, et sont mis tous les trois mois en communication directe avec un Comité de Directeurs auquel ils ont à rendre compte des travaux effectués dans les différents services de l'Administration. Mais, le plus souvent, ils n'entrent en relations qu'avec le Chef du Département auquel ils appartiennent; ce Chef, s'il y a lieu, se met en rapport direct avec les Gouverneurs.

La plus complète subordination et la discipline la plus exacte sont imposées aux employés. Leur travail n'est pas excessif, mais on demande, et ce résultat est généralement obtenu, qu'ils s'en acquittent avec ponctualité, zèle et convenance. S'il arrive qu'il en soit autrement, ce qui heureusement est fort rare, l'organisation de la Banque est si sagement combinée que la plus légère irrégularité est immédiatement constatée et réparée.

Il n'est pas opportun d'examiner ici le rôle politique de la Banque d'Angleterre, l'exposé qu'on vient de lire n'ayant d'autre but que de donner un aperçu de la constitution et des rouages de la gigantesque machine

dont disposent les Directeurs pour mener à bien les importantes fonctions confiées à leurs soins (1).

(1) Depuis que ce livre a été écrit, la Banque a pris la direction de
la Rente des Indes orientales et de diverses autres valeurs, dont les
Intérêts sont garantis par le Conseil des Indes, savoir :

La Rente Indienne £ 5 %.
La Rente Indienne £ 4 %.
La Rente des Indes orientales £ 4 %.
Les Billets de Banque Indiens (valeur en roupies).

PARIS. — IMPRIMERIE ADRIEN LE CLERE ET Cⁱᵉ, RUE CASSETTE, 29.

www.ingramcontent.com/pod-product-compliance
Ingram Content Group UK Ltd.
Pitfield, Milton Keynes, MK11 3LW, UK
UKHW020648120726
13658UKWH00006B/802